文春文庫

ほんまもんでいきなはれ

「ごま豆腐天下一」の庵主さん一代記

村瀬明道尼

ほんまもんでいきなはれ

「ごま豆腐天下一」の庵主さん一代記

＊

もくじ

序章

第一章 反発

第二章 恋着

第三章　再生

終章

ほんまもんでいきなはれ

「ごま豆腐天下一」の庵主さん一代記

構成　三浦優香
デザイン　野中深雪
本文写真　杉山拓也
書　村瀬明道尼

序章

いくつもの「なぜ」

この世にミステリーというものがあるとしたら、私にとって最大のミステリーとは、私自身のこの人生ではないかと思います。

私が住まう月心寺は、京都市と滋賀県大津市を隔《へだ》てる逢坂山《おうさかやま》にあります。ここに暮らして四十余年。いつの頃からか、私のつくる精進料理を食べたいとおっしゃる方があちこちから訪ねてこられるようになり、月心寺の名は一般にも少し知られるようになりました。

午前一時、町も眠りについたころ、私は仕事にとりかかります。夜明け前にお勤めを始めるのは僧侶の常ですが、私が暗いうちから起き出すのは、鐘を撞《つ》くためでもお経を読むためでもなく、料理の仕込みを始めるためです。自慢にもならないことをはっきり申しあげますが——何事につけはっきりものを言いすぎるのが、よくも悪くも私という人間です——月心寺に来てからこのかた、いっぺんも朝の勤行《ごんぎょう》というものをしたことがありません。

衆生《しゅじょう》本来仏なり。

白隠《はくいん》禅師さまはそう説破《せっぱ》されました。

仏像に向かってお経をあげるためではなく、生きたみ仏《ほとけ》、すなわち、今日ここを訪れるお客さまに食べていただく蓮根《れんこん》を、ごぼうを、にんじんを炊《た》くために、そしてごま豆腐《どうふ》を最高の状態に仕上げるために、私は早起きするのです。ごまを一時間ほどかけて摺《す》りながらお経を唱える癖がありますが、それはお経を読み終えるのにかかる時間と、ごまがちょうどよい加減に摺れるまでの時間がぴったり合っているからにすぎず、お経はありがたく、読めば功徳《くどく》があり、だからこのごまもおいしく摺れるなどとは夢にも思っていません。

日本に伝わるお経はお釈迦《しゃか》さまのお言葉そのものではなく、何人もの手を経て中国語に翻訳されたもの。その一言一句を間違わずに読むのが尊いか、今日の出会いのために精魂こめて野菜を炊くのが尊いか。迷わず後者をとるのが私の生き方です。料理は「君がため」につくるからこそおいしくできると信じているので、つくりおきをしたことは一度もなく、生きた仏さまのためには一切の手抜きもありません。私が嫌うのは、しきたりではなく、しきたりに縛られる心なのです。

あなたの本分はいったい何ですか、と問われれば、「料理はアマで尼が本職」とへたな洒落《しゃれ》で返しながら、私がここでこうしていることの不思議を密かに噛《か》み締めます。

尼僧のくせに料理屋まがいのことをして、ちゃっかりプロなみの金までとって――と眉を顰《ひそ》める方のあることも知っています。言いたい人には言わせておけ、と思わないこともありませんが、本当のところ、「ご指摘ごもっとも」と、他人事《ひとごと》のように受け止めているので腹も立ちません。私の手料理を人さまにお出しすることになったのも、それに値段がついたのも、すべて外からの働きかけのもと自然に始まったことで、ことのなりゆきにいちばん驚いているのは、この私なのですから。

ふるさとの木曾川《きそがわ》を素《す》っ裸で泳いで渡り切り、まわりのものを心配させ、あきれかえらせていたやんちゃな子供時代、私はいったいどんな未来を思い描いていたのでしょう。少なくとも、「精進料理の明道尼《みょうどうに》」と呼ばれるような人生を想像しなかったことだけはたしかです。

そもそも、しきたりや格式のようなものとは一切無縁、裸足《はだし》で野山を駆けまわり、腰巻もせずに木に登り、ありとあらゆるいたずらをしでかし、お転婆《てんば》を通り越して「あの子はアレを落として生まれてきた男の子にちがいない」と言われるほどに規格はずれだった女の子が、伝統の町・京都の寺に入り、「慎《つつし》み深い女人」の代名詞のような尼になろうとしたというのがミステリーの始まりです。（規格はずれの女の子はしかし、どれだけ厳しい寺に入れられようと、どれだけ鋳型《いがた》にはめられようと、ついぞ規格品になることができず、型破りの尼さんとして終わろうとしています）

自分の意志で「寺へ行く」と決めたことは覚えていても、たったの九歳で何を思ったというのでしょう。その心理もミステリーならば、大きくはみだしながらも尼僧であり続けたこともまたミステリー。尼僧としてあるべき姿と天然の私との間の対立が限界まで深まるたびに、不思議と誰かと出会い、大きな事件と出くわし、ふと気がつくと行き止まりに見えた道の脇に、規格はずれのままでもどうにか歩けそうな新しい小道があらわれ、また一歩を踏み出さざるを得なくなるのです。どの出会い、どの事件が欠けても今の私はないことを思えば、こんな私を尼僧のままで生かそうとする目に見えない力が働いていることを意識せずにはいられません。そうだとしたら、いったいそれはどんな力なのでしょう。そしてなぜ？

思えば私の人生は「なぜ？」の連続です。

その最たるものが恋をしたこと。女性であることをすっかり忘れて生きてきたようなこの私が、なぜ三十三歳にして初めて、なぜ二十五歳も年上のその人を好きになったのか、自分でも不思議でなりません。そして、尼僧でありながらひとりの男性に焦《こ》がれ、心をすっかり囚《とら》われてしまった私は、まるでその報いを受けるかのように交通事故に遭《あ》い、右手と右脚の自由を失うのです。

恋は恋、事故は事故。すべてが偶然と言ってしまえばそうかもしれません。おもしろいのは、ひとつひとつは偶然にすぎなくても、偶然が意味ありげに積み重なれば、ミステリアスな必然のように見えてくるということです。不思議なことに、私の人生は事故でいったんリセットされたあと、以前にも増して、いやそれ以上に豊かな展開を見せ始めます。「なぜ？」の答えを知りたいと思う心は、人生最大の悲劇ともなりえた大怪我さえ、ここへ辿りつくために必要な道程だったと素直に得心させてしまう力があります。

しかし、いくら考えても正解というものがあるわけではなく、ああだったのか、いや、こうだったのかと思い巡らしては、一度出した答えを（なかば楽しみのようにして）頭の中で何度も書き直しているので、私は退屈ということを知りません。ひとつたしかなことは、あの事故がなければ、今、生かされて、ここにあることの歓びを、真に理解することは難しかっただろうということです。

付録の人生

昭和三十八年七月三十日。朝から忙しい日でした。

急用を思い出し、着物の袂《たもと》で額《ひたい》の汗をぬぐいながら月心寺の通用門を走り出た私は、国道一号線を逢坂山の坂道から舗道めがけて暴走してきたダンプカーに跳《は》ね飛ばされました。二軒の家の軒をめちゃめちゃにするほどの大事故だったというのに、私が覚えているのは体がふわりと浮き上がったときのえもいわれぬ気持ちよさだけで、次に気がついたときはベッドの上――。

右腕と右脚の骨が微塵《みじん》に砕《くだ》け、大量の血と泥にまみれた私は、近くの診療所にかつぎこまれ、ハサミで着物を切り裂いて裸にされたあと、まるで俎板《まないた》の上に載《の》せられた巨大な鰤《ぶり》か何かのようにホースで水をかけられ、たわしでゴシゴシと洗われたそうです。見ている人が気を失うほどの壮絶な処置にも本人は気づかず、三日間、生死の境をさまよいました。

意識を取り戻した私の第一声は「おしっこしたいッ」だったそうです。「おお、ものを言いおった、もう大丈夫や。したければ、せい」。そう言われても「でえへん」と戸惑《とまど》う私に、「野原でしたことあるか」とその声は訊いてきます。修行で托鉢《たくはつ》に出ていた頃のことを思い出してうなずくと、「野原だと思ってせい」。それが元軍医の岡本診療所長との最初の会話で、こわもてのようで実はとてもおもしろい先生でした。「ここ、野原じゃないみたいや。なんで私寝てんの？」「自動車に轢《ひ》かれたんや」「誰が？」「あんたが」と、漫才のような会話は続きます。「轢いた人は？」と私、「何ともない」と先生。そのあと私は「それはよかったですなあ」と言ったらしく、その悠揚《ゆうよう》たる態度が死にかけた女にはあまりに不釣合いだったので、頭のほうは大丈夫なのかと先生は不安に思ったそうです。

一命をとりとめた私は診療所から高折病院に移され、月心寺の責任役員でいらした高折隆一院長の特診患者として、可能な限りの治療を施《ほどこ》していただくことになりました。命を救ってくださった岡本軍医、動けるようにしてくださった高折院長、院長先生の助手として手術に立ち会い、院長先生亡きあと主治医を務めてくださっている原田稔先生（元・原田病院院長）——私はなんと医者運に恵まれたことでしょう。医師として優れているだけでなく、人間としての魅力にあふれた素晴らしい方たち。月心寺に来ていなければ、事故にも遭わなかったかわりに、その方たちとの出会いもありませんでした。

息を吹き返してからの私は、少しでも動くと体じゅうの骨がガタガタに砕かれるような激痛に襲われるので、身じろぎひとつできません。体に載せる一枚の布切れの重さすら耐えられないので、真っ裸に近い格好《かっこう》で寝かされ、トイレも食事も仰向けのまま。生きるために必要な行為のすべてを人に頼り切って、自分ひとりでできることといえば、ただ息をすることだけでした。

そんな私にも、すべての人と同じように容赦なく時が流れていきます。気がつけば半月ほど過ぎ、お盆の時期に入っていました。僧侶でありながらお盆のお勤めも果たせず、苦痛と戦いながら終日天井を見つめているだけの私――。

「先生、いつになったら歩けるやろ？」

ある日、私は訊《たず》ねていました。

「一年はかかるな」と、院長先生。

「一年かかっても歩けなんだらどうしましょう」

「歩けるまで入ってるさ」

「歩けるまで入ってたらだんだん歳《とし》いきます」

畳《たた》み掛けるように問いを発する私の目を、院長先生がやさしく見つめています。

「あのな、赤ん坊、知ってるやろ。生まれたときは泣くだけが仕事。ただお乳《ちち》飲むだけが仕事。垂れっぱなしや。あんた自分でええ大人や思うてるから不安にも思うかしれんが、実際、今のあんたは大きな赤ん坊や。でも赤ん坊はな、一年経《た》ったら這《は》い出しよんねやぞ。半年たったらつかまり立ちしてな、二年も経ったら障子全部破って伝《つた》い歩いて、そのうち自分ひとりで大きゅうなったような顔して親の言うことは聞かんと、やれ、やりたいことができた、やれ、ええ人ができたと飛んでいきよる」

「私もこの足で飛んでいけるようになるでしょうか」

「ああ、いける」

「こけて骨が折れたらどうしましょう」

「また来たらええがな。そのために病院がある。あわてなさんな。一年二年寝とってても、歩けるようになったらすぐ取り戻せるのやから。お盆にお参りせんから罰が当たる？　仏さまはそんな気の短い方じゃない。仏さまがあんたを生かしておきたくなかったら、すぐに死んでるはずやから。あんたが生きてるいうことはな、あんたが必要だから生きてんのや」

そんなことがあってから、生きている者の事情でお盆の行事をとりやめたり、仏事を省略したりすることに、ちっとも抵抗を感じなくなりました。それよりも、私を助けてくださった方たちに顔向けのできないような生き方だけはすまい、と思う心がしきりに働きます。いちばん大事なことは、自分を偽らないこと。そして、真実を語ること。それに伴うリスクなど、一度死んだと思えばどうということもありません。

そう、私は三十九歳で一度死んだのです。

あのとき生き返らなかったら、すべてがそこで終わっていた。

三十九歳からの人生は、だから私にとって、付録のような、おまけのような、思いがけない天からの贈り物。ありのままに生きなければ、それこそ罰があたりましょう。

第一章　反発

野生の子

私は川を見るのが好きです。九歳で親元を離れて以来、ことあるたびに、ひとりで川を眺めていたような気がします。水の流れを見ていると心が落ち着くのは、私が川べりで育ったせいでしょうか。

私の生家は愛知と岐阜の県境《けんざかい》を流れる木曾川の南岸にありました。父は九人きょうだいの長男でしたが、大工だった祖父の跡を継がずに、娶《めと》ったばかりの妻、つまり私の母を連れて家を飛び出しました。舅《しゅうと》と姑《しゅうとめ》に加え、八人もの小舅でひしめく婚家での暮らしが母には耐えられなかったからでしょう。半里ほど川下に移り、間借りから始めた暮らしは、戸の隙間《すきま》から降りこむ雪が枕元に積もるほどの貧しさだったと母から聞きましたが、父は川に浮かべた二艘《そう》の水車舟で小麦や米を搗《つ》く商売から身を起こし、土地を買い、家を建てました。そこが私の生家で、私が物心つく頃には米屋としてじゅうぶん繁盛していたように思います。

小学校三年生までしかふるさとにいなかった私のことを、同級生は強烈な印象とともに記憶に留めてくれていたということを、数年前の同窓会のときに知りました。みんなが集まるたびに、私の「奇行」が俎上《そじょう》に載せられていたそうで、「女の子の中で成績も一番やったけど、横着ぶりも一番やったからなあ」という誰かの言葉に会場がどっと沸《わ》きました。田舎《いなか》のことですから成績のことはともかく、横着のほうは大変なものだったと我ながらあきれます。

まず、裸足《はだし》で平気な顔して学校にやってくる。家を出るときは草履《ぞうり》をちゃんと履《は》いていたはずなのに、どういうわけか途中で脱いでしまうのです。おまけに着物の下はすっぽんぽん。木があれば登り、川があれば泳ぎ、にわとりを見れば追いかける。ひとことでいえば「野生の子」です。

九人きょうだいの上から五番目、つまりちょうど真ん中の子で、家族の中ではつい存在を忘れられがちなのをいいことに、お転婆《てんば》といたずらの限りを尽くしましたが、近所の人には不思議とかわいがられました。私もよくなつき、またよく手伝いました。よその家でお昼ご飯を食べ、また別の家で晩ご飯に呼ばれ、さらに別の家でお風呂をいただいて平気な顔で帰ってきたこともありますが、そんなことをしていたのはきょうだいのうちで私だけでした。「もう少しおしとやかにしなさい」とたしなめられた記憶がないのは、「あの子はまちがって女の子に生まれてきたんだからしょうがない」と、諦《あきら》められていたからにちがいありません。

両親は商売で忙しい上、子供が九人の大家族。着るものにしろ食べるものにしろ頭数は用意しても、ちゃんと行き渡っているかまで目配りする余裕が母にはありません。だから子供にとっては毎日がひとつの闘いで、朝目が覚めたとたん、姉の着物だろうと妹のだろうと、ともかく目についたものをかっさらって着てしまえばこっちのもの。ご飯にしても同じことで、器《うつわ》によそってあるものを何でもいいからかっこんで、怒られるからぱーっと外へ飛び出します。その中で長男は別格でした。いずれ家督を継ぐものとして、長男は小さいうちから特別待遇されるのが当時の常で、ほかのきょうだいが麦飯を食べているときに、仏さまと戸主と長男だけは白いご飯で当然と受けとめられているような時代です。上から五番目の女の子なんてほんとにつまらない、と私は思っていたかもしれません。

ある日、両親のもとに、村のお寺の庵主さんからこんな話がもちかけられました。「京都の尼寺から子をほしいと言うてきてるけど、女の子が六人もいるんだから、ひとりくらい尼さんにしたらどないや？」

尾張地方は信仰の篤《あつ》い土地柄で、「一人出家すれば九族天に生ず」という言葉がその頃はまだじゅうぶん生きていたように思われます。やはりその庵主さんのお寺にも私よりひとつ年上の女の子の弟子がいて、ツルツルの頭で小学校に通っていました。

父と母は一番上の姉から順番に「おまえ、寺へ行かへんか」と訊きましたが、みんな「いやや」と首を振りました。同じ質問がまわってきたとき、小学校三年生の私が嬉々として「行く、行く」と言ったのは、いったいどうしたことでしょう。

私の頭の中には、美しい紫の衣《ころも》をひるがえし、あたりを払《はら》うようにして歩く高貴な尼僧のイメージがありました。それは私がもっと幼い頃、実際にこの目で見た光景でした。村のお寺に善光寺如来殿が竣工された折り、信州から善光寺上人尼公さまがお越しになり、我が家にもおまいりいただいたときのことが鮮やかに記憶されていたのです。障子の張り替えから料理の吟味から、お迎えの準備で家じゅうがおおわらわ、当日は親戚一同を我が家に呼ぶという一連の大騒動は、その晴れがましさと非日常の興奮とともに幼心に刻まれたにちがいありません。私は好奇心で目を輝かせて尼公さまのうしろをついて歩き、大人たちが自分より年下の尼さんを平身低頭してお迎えするのを不思議そうに眺めながら、「尼さんになると、あんなんしてもらえるの？」と母に言ったそうです。

すべてが過ぎたあとも、私は母の腰巻を袈裟《けさ》に見たてて肩からスッとはおっては、「善光寺の尼宮さんはな、こんなんしてはってな」と得意顔で真似してばかりいたそうで、その頃にはもう、尼になる下地ができていたのかもしれません。

しかしそれは幼児の抱いた淡い憧れのようなもので、九歳の子に親きょうだいと別れて寺へ入ることを決意させる動機にはなりえません。いったい何が私に「行く」と言わせたのでしょう。

「京都の寺」と言われたとき、京都という言葉がとても魅力的に響いたのを覚えています。そしてなにより、お寺へもらわれていけばひとりっ子になれるという子供らしい期待があったように思います。おおぜいのきょうだいに埋もれて、十把一《じっぱひと》からげに扱われるのが癪《しゃく》だったのかもしれません。おまけに、次男でも三男でも、長男を飛び越えたければ坊主になればいい、そうすれば長男どころか親より上座に座らせてもらえる、というお国柄。寺へ行けば一人前に扱われ、大事にしてもらえると信じたとしても不思議はありません。女の子なんて一家の中ではみそっかす、嫁に行っても姑に仕えるだけでつまらない、と、そこまで思ったかどうだったか――。

どれもこれもあとから思うことであって、そのときは無性に行きたかったというだけで、私自身も本当のところはよくわかっていないのかもしれません。

そうして「野生の子」は尼さんになることを軽々と自分で決めてしまいましたが、九歳の子に「仏門に入る」などという覚悟のあるはずもありません。仮に「行く、行く」と答えたからといって、親が断わりにいくこともできたはず。あるいは子供の気まぐれだったのなら、私が撤回すればそれですんだはず。本人の意志とはいえ、トントン拍子に話が進んでしまったのは、それが私の宿業《しゅくごう》だったからでしょうか。

ともあれ、私は念願のひとりっ子になることができました――ほんの何年かの間だけでしたが。

小ぼんちゃん

私がもらわれていくことになったのは、京都市内にある高源寺という尼寺です。京都へと発《た》ったのは小学校三年の終業式の日のことで、私の心は浮き立っていました。正月にしか袖《そで》を通すことのない長い袂《たもと》の綸子《りんず》のべべを着せてもらい、小さな柳行李《やなぎごうり》には、お祝いに仕立ててもらった着物が二枚入っています。私の師匠となられる住職は私を迎え受けにわざわざ京都から来てくださるし、めったに乗ることのないタクシーで駅まで送られ、その日の主役はいたってご満悦のようすでしたが、心の底のほうでは別の感情を抱いていたのでしょうか。大垣を過ぎたあたりから、京都駅に着くまでを覚えていないのは、悲しい顔をするのがいやで寝たふりをしているうち、ほんとうに眠ってしまったからだったと思います。

そうして私は高源寺の徒弟《とてい》になったわけですが、大人の出家とちがって仏の道に入るという意識も淡く、その日を境に人生ががらりと変わるということでもありません。しいていえば、田舎の小さな小学校から京都のマンモス校に移ってきた「転校生のカルチャーショック」があるくらいで、気分は寺から通う普通の小学生。ふるさとではトップだったのに、京都では七番までしかとれず悔しい思いもしましたが、田舎から来た「野生の子」はやることなすこと珍しがられ、転校生の憂鬱《ゆううつ》を知らないまま人気者になりました。気の合う八人グループの間では苗字の一字をとって呼び合うのが流行《はや》っていたので、私は「ムラ」と呼ばれました。五年生からは進路別にクラスが分かれましたが、トップを占めていた私たち八人はそろって進学組に進み、それこそよく遊び、よく学んだものです。良き友、良き師とめぐりあい、小学生時代は楽しい思い出として残っています。

いっぽう、高源寺の跡継ぎとしての私は、信者さんや近所の人たちから「道了さんの小ぼんちゃん」の愛称で呼ばれるのにもすっかり馴《な》れました。小さい坊さんだから「小ぼんちゃん」。「道了さん」というのは、数百年前に実在した曹洞宗《そうとう》の偉いお坊さんのことで、その方の像が鎮守さまとして高源寺に祀《まつ》ってあるのです。

この道了さんが魚肉類を避ける方だったため、高源寺ではダシ雑魚《じゃこ》一匹使わない大精進で、朝はお茶漬けと沢庵、昼のお弁当はごはんに梅干と沢庵という質素さ。京都に来てからの一番のカルチャーショックは、ひょっとするとこの食生活だったかもしれず、川べりで育った私はおととを食べたいと駄々をこねて師匠に叱られたこともありました。

母は母で、ふるさとから何くれとなく食べ物を送ってきます。乾麺、うどん粉、夏にはスイカ、暮れには搗《つ》いた餅……。問題は小包の宛名で、いつも「清子殿《きよこ》」となっていました（清子は僧名をいただく前の私の本名）。師匠はそれを見るたび、非常識だと父母をなじり、苛立ちを私にぶつけます。

「わしは親がわりやで。わし宛てに送ったら清子に食わさんとでも思うてるのか。おまえの親はどうかしとる」

私は父に世間知らずの母を諭《さと》してもらおうと思い、これからはお師匠様宛てに送るようにと頼んでみたりもしましたが、母からの小包は一貫して「清子殿」。得度《とくど》してからは僧名の「宗清殿《そうせい》」で、その徹底ぶりには驚きました。

母は父にこう言ったそうです。

「親馬鹿やでな、あの子に食わしたいだけで、ほかの人に食ってもらわんでもええ」

ふるさとからの小包は、死ぬまで私の個人名宛てでした。

高源寺師匠は当時三十代半ば。師匠の師匠でいらした「隠居さん」が五十代後半。さらにその上の隠居さんもいらして、血縁のない尼僧ばかりの生活です。擬似《ぎじ》家族と呼ぶには上下関係が厳しすぎ、師弟関係と呼ぶには私がまだ幼すぎました。

剃髪《ていはつ》

私が頭を剃《そ》ったのは、京都へもらわれてきた年の夏休みでした。それは自分から言い出したことで、頭を丸めた大人ばかりに囲まれて暮らしていると、不思議とそんな心持ちになってくるのです。

たとえば、朝、自分だけ髪を梳《す》くのがいかにも異端者のようでいやでした。もっと一人前に扱われたいという思いもあったかもしれません。

そこまでの意識はなくても、近所の人から「小ぼんちゃん」と呼ばれるたびに、もう「清子」ではないことを私は意識させられ、その意識は、いずれは僧侶となること、いずれは頭を剃ることを受け容《い》れる気持ちへと自然とつながっていたはずです。

だから剃髪は自分の意志であり、同時にまわりの意志の反映のようでもあり、しかしそんなことはどちらでもいいことで、ともかく私は師匠に「剃ってください」と頼んだのです。

ハサミでばさりと切り、バリカンで刈った坊主頭に石鹸《せっけん》をつけてかみそりできれいに剃り上げると、終始無言だった師匠がひとこと、「スーッとしたか」と言いました。

「ご本尊さまに、『お釈迦さまのお弟子になりました』と報告してきなさい」

そう言われてひとり本堂に行った私は、ふと「もう戻れない」というようなことを思って、京都に来てから初めて泣きました。声を殺して泣いて、そして本堂から出てくるときはもう笑っていました。師匠や隠居さんにはうれしそうな顔しか見せたくありませんでした。

それにしても、いつからそんなつくり笑いをするような子になっていたのか——。

九月になって四年生の二学期が始まりました。

私は麦わら帽子をかぶって登校しましたが、教室に入ってからも帽子を脱ぎませんでした。首のまわりに垂れているはずの髪がないのですから、帽子をかぶっていても頭を剃ったことは一目瞭然です。いまさら恥ずかしいと思うわけもないのに、どうしても脱げず、知らん顔をしてそのまま授業を受けました。

先生はそれを糺《ただ》すわけでもなく、みんなもまた、「ムラ、脱ぎ」とは言いません。それが三日か四日、続いたでしょうか。

あるとき、なんの拍子か——暑かったのか、それとも坊主頭のことを一瞬忘れてしまったのか——私はふっと帽子を脱ぎました。そのとたん、うわーっと歓声があがり、教室じゅうに拍手の渦が巻き起こりました。友達はみんな、手を叩きながら笑みをうかべて私を見つめています。

担任の中川先生は、私を教壇《きょうだん》のほうへ呼び寄せ、教室のみんなに向かって言いました。

「村瀬さんは今日から正式に仏門に入られて尼さんになられたのだから、みんなはそのつもりで村瀬さんを大事に扱いなさい」

それから私に向き直ってこう付け足しました。

「あなたはただでさえ目立つ子だったのに、これでますます目立つようになったのだから、今までのように廊下を走ったりしないで、きちっと校則を守って模範生になるように」

そう言われると、ますます模範生と反対のことをしたくなる天《あま》の邪鬼《じゃく》な性分で、学校では相変わらず野生を発揮していました。そんな変わり種の私をいつもあたたかく見守ってくれた同級生のことは今も忘れられません。


忘れられないことといえば、こんなこともありました。

満州国皇帝溥儀《ふぎ》が来日され、京都じゅうの六年生がお迎えしたときのことです。都ホテルの前で歓迎の旗を振り、歌を歌いながら行進しているその隊列の中に私もいました。

長い隊列が途中で折り返してすれちがうそのとき、他校の生徒がいっせいにこちらを振り向きました。と思うや、私は一瞬のうちにクラスの子たちに囲まれてしまったのです。私ひとり何も気がついていませんでしたが、よその学校の子たちは皇帝を見ずに私を見ていたのです。友達の何人かが、振り向く他校の生徒に向かって憎々しげに叫んでいました。

「見んといて！」

それを聞いて私はやっと理解しました。みんなが私のまわりにつくってくれた人垣の意味を。好奇の眼差しから大事な友達を守ろうとしたみんなの思いを。

女の子ばかりの中に坊主頭がぽつんとあれば、さぞかし目立ったことでしょう。しかし私には群集の中の自分の姿は見えませんし、その頃は頭を剃っていることにもすっかり慣れ、ふだんは忘れてしまっているくらいでした。普通の女の子の服装をした上での丸坊主姿が、衣をつけた尼さんよりもずっと奇異に映ってしまうということを、本人だけが知らずにいました。そのことを師匠はどう思っていたのかと、私は後年、幾度となく思い返すことになります。大人になった私の目に映る九歳くらいの女の子はあまりにいたいけで、剃ってくれと言われても、どうしたらこんな小さな頭を剃れるのか――。私なら剃らない、剃れない。そう思うにつけ、師匠という人がわからなくなったこともありました。しかし、さらに年を重ねたとき、またあらためてわかることもあったのですから、年月というものは大したものです。

まちがいないのは、それでも私の小学校時代は幸福だったということです。念願のひとりっ子になり、憧れの京都で友達をいっぱいつくり、九歳のときも、十二歳のときも、いつのときも、ありったけのエネルギーを凝縮して生きていました。

父と母

父と母が突然訪ねてきたのは六年生のときのことで、私はその日、風邪をひいて学校を休んでいました。頭を剃った私の姿を見るのはそのときが初めてだったはずで、ふたりの気持ちはいかばかりだったかと今になって思います。

師匠へのあいさつがすむと、三人で一緒に東本願寺まで歩いてお参りにいきました(村瀬家の宗旨は浄土真宗でした)。

「親鸞《しんらん》さまのようにえらいお坊さんになれますように」

私は手を合わせて、そんなことを言ったように思います。

父と母は多くを語らず、そのかわり、あれは要《い》らないか、これは足りてるかと代わる代わる訊いてきます。私は師匠から「何も買《こ》うてもらいなや。不自由を言わんときや」ときつく戒《いまし》められていました。

「鉛筆いらんか?」

「それじゃ、靴下は?」

と訊かれるたびに私は、

「いらん」

「何もいらん」

と、張り合いのない返事をするばかり。父母の思いを忖度《そんたく》するどころか自分の気持ちをふりかえる余裕さえなく、私はただ師匠の言いつけを守るのに一所懸命なだけでした。

お昼ご飯を食べたあと京都駅に向かい、父と母が列車に乗り込むのを眺めているうち、突然泣けてきました。ついて行きたいとも、ふるさとに帰りたいとも思わない。それなのに、ただ泣けて泣けてしかたがない。向こうを見れば、列車の中の母が滂沱《ぼうだ》と涙を流しています。それを父が慰めたり諭《さと》したりしている様子が手にとるように伝わってきます。

発車のベルが鳴り、列車がホームから滑り出したとたん、私は泣くのをやめました。その切り替えの早さは自分でもおかしくなるほどです。あたりに知った人がいるわけでもないのにあわてて涙をぬぐい、誰にともなくそしらぬ顔をつくって見せると、私は一目散に駆け出しました。

その日以来、母が再び訪ねてくることはありませんでした。

「あんなに悲しい思いはしたことがない。別れるときがかなわんから、お父さんだけ行きなさい」と母は言ったそうです。

そういえば、父からは何度も手紙が届いているのに、母はそれ以前も以後も、一本の手紙もよこしませんでした。そのことは、私自身も気づかないうちに小さなしこりとなって残り、母との間の心の距離をいくぶん広げてしまったようにも思います。

父と母の仲は、子供の私からすれば不可思議なものでした。ふたりはどれほど仲がよく、そのくせどれほど喧嘩したことか――。夫婦とはそんなものかもしれないと、連れ合いを持ったことのない私も世間を知るにつけ思うようになりましたが、それにしても、一度離婚したあと、またよりを戻して再婚までしているのですから、子供にとってはほんとうに人騒がせな話ではあります。

ふるさとを離れて四年目。小学校を卒業し、得度式も終え、初めて里帰りしたとき、両親の離婚を知りました。そのときは父が不在で、戸籍上は村瀬家から抹消《まっしょう》されたはずの母が子供と一緒に家にいました。

父の家出と離婚をいちどきに知らされた私は、びっくりすると同時に無性に腹が立ちました。娘の私は仏門に入り辛いことにもひとり耐え、長男は入営し生きるか死ぬか、そんなときに夫婦喧嘩をして離婚するとは、なんとお気楽でなんと自分勝手なことか、と。

それでも私は怒りをこらえて仏壇に向かい、読経を始めました。帰ったらすぐご先祖さまにお経をあげるようにと、師匠から言われていたのです。すると上の姉二人がお経を読んでいる私の背中にしがみついて、声をあげて泣き出したのです。

きっと姉たちは、出家した妹が初めて帰ってくるのだから、せめてその日はひと芝居打ってでも、両親揃って迎えてやればよかったのにと思ったにちがいありません。自分たちが寺へ行くのを拒《こば》んだためにこの子が行くことになったのだという思いもあったでしょう。その上、出征した兄は負傷して入院中で、私の知らない間に村瀬家にふりかかった艱難《かんなん》のあれこれが、女所帯で心細い姉たちの脳裡《のうり》に去来したかもしれません。

そういうことは今初めて思うことで、そのとき私が抱いたのは母への憤《いきどお》りだけでした。

おまえのことが心配や。母は二言目にはそう言います。しかしその言葉は私を苛立たせるだけでした。ふん、よう言うわ、と私は心の中で毒づきました。何が心配や、ほんとに心配やったら夫婦がそんなことしてる暇《ひま》がどこにある——母を冷罵したい気持ちばかりが募ってきます。泣きながらなじる私に、母は言いました。

「宗清さんには夫婦のことなんてわからん」

感情のやり場をなくして傷ついている私を不憫《ふびん》に思ったのか、姉は父のいる名古屋に連れていってくれました。


兄に再び召集令状が届いたとき、私は岐阜にある寄宿制の尼僧の専門学校に進んでいました。知らせを受け急いで帰ると、今度は母が不在で父がいます。なにしろ、帰郷するたびに母だけがいたり、父だけがいたりする、おかしな家でした。

戦死を覚悟した兄は、跡継ぎのなくなったあとの村瀬家を心配し、思いきって商売をやめ、今のうちに家を売り、お父さんとお母さんで分けてくれても僕はかまわない、と言い出しました。お母さんは名古屋で暮らしているし、お父さんは長男だから生家に戻って跡を継げばいい、子供たちはどちらが連れていってもいいし……。

その場の空気が兄への同意に傾きかけたとき、私ひとり反対して「みんな気楽でいいね」と皮肉を言いました。

「京都にひとりおっても、ふるさとには家があり、父と母があり、木曾川がある——どんな辛いときもその思いが私を支えているのやから、家がなくなったら私、どんなになるの？　ふるさとがなくなる悲しさは、ふるさとにおる者にはわからない」

私のそのひと言が兄の気持ちを動かし、図《はか》らずも家族解散の危機を救うことになりました。

「売るのは戦死してからでも遅くない。宗清さんがそう言うなら、行けるところまで行きましょう」

宗清さん――。その頃はもう、そう呼ばれていました。小学校を卒業した三月の終わり、大徳寺塔頭《たっちゅう》芳春院《ほうしゅんいん》の玉井澤州《たまいたくしゅう》和尚を戒師として得度していただき、授与された私の僧名です。

得度式では最初に天皇陛下に「さようなら」を言い、次に父と母、それからきょうだいに別れを告げ、あらためてお釈迦《しゃか》さまに向かって「あなたのお弟子さまになります」と誓いを立てます。家族との縁を切ったそのときから、きょうだいはもちろん、両親も私のことを呼び捨てにはせず、「さん」づけで呼ぶようになりました。「めったに里帰りもさせないから、家にいるときは先祖が帰ってきたと思って大事にしてやるように」というのは師匠が親に約束させたことですが、うぬぼれの強い私は「さん」づけにも特別待遇にも違和感ひとつ覚えず、また家族も素直にそれを守って大事に扱ってくれました。

出征した兄が無事復員し、村瀬家が兄の代となるとき、父と母は復縁しました。

確執《かくしつ》

九歳で寺に入ったことは、私の人生における最初の転換点だったかもしれませんが、本人にとっては数ある転機のうちのひとつでしかなかったように思います。京都の小学校時代は私から「野生の子」の持ち味を奪うことなく、新しい何かを私に与えてくれました。形成期にあった私の精神に強く影響を与え、その後の人生の展開にも大きく関わるほどの転換点は、そのあとにやってきたのです。

それはまさに、小学校を卒業したその日のことでした。

私は成績優秀者の褒美《ほうび》として裁縫《さいほう》箱をもらい、有頂天になっていました。京都へ来て初めてとった二番という成績。早く師匠の褒め言葉を聞きたくて、卒業証書と裁縫箱を抱えて急いで帰りました。

戸を開けるのももどかしく、「師匠、褒美もらったー」と言いながら入っていくと、そこには絹糸のような美しい髪を肩までたらした見ず知らずの女の子が座っていたのです。

「この子、今日からおまえの妹や」

人生最良の日が最悪の日に変わった瞬間です。

「これからはこの子を『小ぼん』と言いや」

突然の妹弟子の登場に呆然としている私をよそに、師匠は平然と続けます。おまえは今月の終わりに得度して「宗清」やからな。今日からは洋服もパンツも脱いで肌襦《はだじゅ》袢《ばん》に腰巻で着物の生活や――。そのくらいは私にもわかっていたはずですが、だからおまえのものはみんなこの子にやってくれ、と言われても寝耳に水です。今日までの私の愛称も、私が使っていた机も、洋服も靴もすべて、初対面のこの子のものになるとだしぬけに宣言され、どれほどのショックを受けているか、師匠はまるで気づかないようすでした。突然冷水を浴びせ掛けられたような気分で、卒業式の昂揚感《こうようかん》も二等賞の満足感もあとかたもなく消えてしまいました。

ひとり目の子供というものは、妹や弟が生まれると、嬉しさの反面、多かれ少なかれ不安をおぼえるといいます。それでも普通のきょうだいなら、母親のお腹が大きくなりだした頃から出産までの間に心の準備もできようものを、私の場合はあまりに唐突でした。事前に何の説明もしない師匠の心を思って、漠然とながらも私は不安を覚えたにちがいありません。たとえば、もう私は要らない子なのか——というような。

にもかかわらず、その子の入学手続きまでを私に言いつける師匠の無神経さが、さらに私を傷つけていました。翌日私は、自分が卒業したばかりの学校に妹弟子を連れていき、師匠に代わって事務的な手続きをすませ、それからは毎朝、かつて自分のものだった弁当箱にごはんと梅干と沢庵を詰めて妹弟子を学校へ送り出すのが私の役目となりました。今や私は下の面倒を見る姉弟子。ひとりっ子の天下は終わったことを覚《さと》りました。

師匠への不信感が芽生えたのはその頃です。

私の心に、女学校進学を断念させられた不満が渦巻き始めました。

もちろん、尼僧の専門学校である尼衆学林《にしゅうがくりん》へ進むべきことはわかっていましたが、学林の入学には年齢制限がないので、女学校を卒業してからでも決して遅くはなかったのです。

京都に転校してきた当初の成績は自分にとって不満足なものでしたが、五年生からの伸びは目覚ましく、最後には二番までいったほどですから、破天荒な転入生の行く末を心配していた先生がたも喜んでくださったことでしょう。女学校進学を切望する私を応援して、担任の先生も師匠に進学を奨《すす》めてくださいましたが、希望は容《い》れられませんでした。伸び盛りに芽を摘まれたような形となったので、よけい悔しさが募りましたが、「尼僧になるには学林の五年間の教育と、その後の専門道場三年間の修行で事は足りる」という師匠の考えを変えることはついにできなかったのです。ふた言目には「おまえはこの寺を継ぐ跡継ぎなのだから」と諭され、やっと得心しかけたところにあらわれたのが妹弟子でした。

その頃の私は、いわゆる小僧修行中の身でした。小学校を卒業したものの、寄宿制の尼衆学林へやるにはまだ幼くてかわいそうだということから、学林入学を二年後に控えて寺にいたのです。あれほど進学したかった私ですから、毎日、私の洋服を着て学校に通う妹弟子がうらやましくてしかたがありません。私のひがんだ目で見ると、妹弟子の態度も、妹弟子に接する師匠の態度も、すべて癪《しゃく》の種となり、何もかもがおもしろくなくなってしまいました。

女学校問題で生まれかけていた師匠との軋轢《あつれき》が、妹弟子の登場を契機に私の中で一気に顕在化していました。

かわいげのない意地張りっ子になって反抗ばかりする私と、なぜそうなったのかわからずに抑えつけようとばかりする師匠との、長い確執の始まりでした。

屈託《くったく》

寺での二年間は、とても規則正しいものでした。

朝五時半、一番電車が西大路七条を曲がるゴトン、ゴトンという音でパッと目が覚めます。音を立てないようにそっと起き出し、まず門を開けに出ます。裏の手水鉢《ちょうずばち》で顔を洗い、本堂を開け、お灯明《とうみょう》もつけずに木魚を叩きながらお経を読みます。冬は真っ暗ですが、すでにそらでお経を読めるようになっていました。それからサッとハタキをかけ、お湯を沸《わ》かしてお茶を淹《い》れ、その頃になるとやっと師匠や小ぼんが起きてきます。小ぼんを学校へ送りだし、僧室や台所の掃除を終え、隠居さんからお経を習います。お昼ご飯をはさんで、またお経の勉強。三時に午後の読経。晩ご飯の支度を手伝って、夜はその日に習ったぶんの写経をします。

それが私の日課でした。

朝のお経を少しでも間違えると、師匠は寝巻きのますっ飛んできて私を叩きました。そのくせ不思議なのは、お経を教えてくださるのは隠居さんばかりで、師匠は決して私の前でお経を読まないということです。

ふと、師匠は本がないとお経が読めないのだということに気がつきました。暗誦《あんしょう》できなければ暗闇の本堂ではどうにもなりません。ある日、私を叱ろうと飛んできた師匠に「自分は何や、本がないと読めないくせに」と口答えをして、やりこめてしまいました。

師匠はそんなふうによく手をあげましたが、私もまた箒の柄《え》が折れるほど殴られても言うことをきかない頑固者でした。謝れと言われても、自分が正しいと思ったら絶対に謝らず、徹底的に反抗していました。

私の友達はほとんどが女学校に進みました。

クラス会で久々に会うと、みんな英語をしゃべっています。習い立ての単語を並べている程度なのでしょうが、それだけで私には眩《まぶ》しく見えます。うらやましく、ちょっと悔しい。そんな気持ちを私に味わわせる師匠がうらめしい。腹立ちまぎれに私がしたことといえば、「ウチ、尼さんやからお経読むッ」。その発想、我ながら笑えてきます。

その日、私は無地の着物を着ていました。

「ムラ、変わったの着てるな。どないしたん」

よくぞ訊いてくれたとばかり、日頃の鬱憤をその子にぶつけました。

「私の服はみんな〝妹という子〟が着てるッ」

「ナニ？　ムラの妹も尼さんになったん？」

私は吐き捨てるように言いました。

「ちゃうちゃう、ぜんぜん違う子やッ」

そんなふうに言われなければならない妹弟子も気の毒です。私は師匠に腹を立てているだけで、他意はないつもりでしたが、なにしろその頃の私は荒れていました。そのうえ、私は面倒見もいいかわりに、ひとつ間違えると容赦のないところがあります。こんなにうるさい姉弟子を持たなければならなかった彼女のほうこそいい迷惑だったでしょう。

女学校へ行けないことが悲しくて、何もかもが不満で、いつも仏頂面で、人嫌いにもなったけれど、そんな自分が大嫌いになるほど心が荒《すさ》んでいました。いつだったか、あてこすりに死んでやろうとナフタリンを石で砕いて飲みこめるだけ飲みこんだことがありましたが、眩暈《めまい》をおこして全部吐き出しただけで終わりました。幼稚な発想でしたが、今思えば昆虫が死に物狂いで自らの殻を自らの力だけで破ろうとする姿によく似ていました。

ここにいたくない。ここから逃げ出したい。それでも親のもとに逃げ帰るのだけはいやでした。夜中に企《くわだ》てた逃亡がいつも未遂に終わったのは、小遣いひとつ持たされていなかったからばかりでなく、どんな道であれ、いったん選んだ自分の道をどうしても捨てられない私なりのこだわりがあったからなのかもしれません。それは私の弱さなのか、強さなのかはわかりませんが。

女学校問題で自制心を失っていた頃、私の失言がプライドの高い師匠の感情を逆撫《さかな》でしてしまったことがありました。「費用は親から出してもらうさかい、女学校へやらせてくれ」という私の思慮を欠いた言葉に、師匠は「それならクニへ帰れ」と激怒したのです。親が私の代わりに謝りに来なければならないほどの騒ぎになってしまいましたが、そのとき私は、「たとえ妹弟子が跡を継いで、自分が女中働きをさせられようとも、いったん僧侶になった限り、この髪を伸ばすのはいやや」と言ったのです。「そやから、この寺へ置いといてくれ」と。

十二や十三の子がどうしてそんなしかつめらしいことを言ったのか——。屈折しながらも、精一杯生きようとしていたことだけはまちがいありません。

私の中に、いつからか、「頭を剃って尼の姿でいれば何とか生きていける」という思いが染み込んでいました。

「南無妙法蓮華経」と唱えただけで、ひとつの塔を建てただけの功徳《くどく》がある。ましてその文字を紙に書き、石に彫れば、功徳は広大無量である。そう言い聞かされて育ってきたことと、「尼でいれば」という思いはどこかで通じていたのでしょう。

お布施《ふせ》が包んであったしわくちゃの半紙を新聞紙の間に挟んで寝押しをして、その裏側を使って私は法華経を写経し始めました。誰に強制されたわけでもなく、といって自分から喜んで始めたわけでもなく、ただ「書いとかなあかん」という思いでした。背筋をピンと伸ばして机に向かい、ひとことも口にせず、ひたすら墨を摺《す》る。チビた筆で一心不乱に文字を書く。動かしている手にすべてを集中させる。

いつしかやり場のない怒りは鎮《しず》まり、哀しみが癒《い》えていく。そうしてまた墨を摺る。寂しさも虚しさも忘れ、暇《ひま》さえあれば書いている。眠くても書いている。

泣きたい気持ちを胸に隠した勝気な十三歳の無意識が、文字を綴るという行為に捌《は》け口を求め、言葉にならない、言葉にできない諸々の感情を必死に振り切ろうとしていたのでしょう。

小学校を出たばかりの女の子が、功徳を願わずに、ただ心のよりどころとして無心に筆を動かした。それがたまたま「法華経」であったということが、とても尊いと今ふりかえって思います。

曲がりなりにも「法華経」八巻を、学林入学前にすべて写経してしまったという寺の小僧はそうたくさんいないでしょう。寺にいた二年間という猶予《ゆうよ》期間がそれを可能にしました。女学校へ進んでいたなら、それだけの時間的余裕はとても見つけられなかったと思います。

つらいことばかりに思われたその二年間がどれだけ貴重な時間だったか。高源寺で味わわなければならなかった厳しさが、のちの自分をどれだけ助けたか。すべてあとになってわかることです。

師匠という存在の尊さを、逆説的な意味ながらも理解するまでに、私はいくつもの困難に出遭わなければなりませんでした。

尼衆学林

師匠と私はなんともいえない葛藤状態にありました。

その関係を評して、「あまりにも気性が似ているからぶつかるのや」と人は言います。敵対している相手に似ていると言われてうれしいはずもありませんが、あるいはそういう面もあったかもしれません。苦笑まじりに思い出すのは、いよいよ師匠の手を離れて、岐阜の尼衆学林へ入学する日の朝のことです。

私にとっては待ちに待った旅立ちの日。寄宿制の学林に入学してしまえば、しばらくの間、高源寺での息苦しい生活ともオサラバです。未知の世界への期待と解放感で胸が弾んでいました。

その朝、誰にも起こされずに三時に起床。寺はしんと静まりかえっています。いつもの通り、本堂の暗がりの中で読経。初めて寺を離れて修行に出る朝だというのに誰も起きてくる気配がないので、自分で朝ごはんを用意して食べ、出立のための身なりを整えます。四時半。京都駅で始発に乗るためには、もう出なければなりません。

「やらせていただきます」

私が声をかけると師匠がパッと跳《は》ね起きました。あっという間に着物を着て隠居さんに「ちょっと京都駅まで送ってきますわ」と告げるや、「さ、行こう」と私を促します。師匠はそれきり無言で、「ごはんは食べたか」も「忘れものはないか」もないまま駅へと歩き出しました。

無地の着物に黒い衣、肩からは頭陀袋《ずだぶくろ》。脚絆とわらじに網代笠《あじろがさ》という修行僧のいでたちに身を包み、私は鳥かごから飛び出た小鳥のような心持ちで歩いています。

思えば、師匠とふたりきり、肩を並べて歩くのはそれが初めてでした。それなのに師匠も無言なら私も無言。けれどもお互いの心中はなぜか手にとるようにわかります。これで自由になれると密かに喜びを嚙みしめている私と、それを見てとり「もうこいつは戻ってこないつもりなんじゃないか」と苦々しく思っている師匠。とうとうお互いひとことも口にしないまま小一時間の道のりを歩き通してしまいました。ふつうなら自然に出てくるような「その場にふさわしい言葉」を、自分からは絶対に口にしようとしないふたり。駅で交わした「気ィつけて行っといでや」「行ってきます」という別れ際の言葉がとってつけたように響きました。

心理戦というのか我慢較《くら》べというのか、両者互角で一歩も譲ろうとしない朝でしたが、夏休みに戻ってきたとき、師匠はそのときの私を咎《とが》めて本音を漏らしました。

「ごきげんよろしゅう、とか、元気で行ってまいります、とか、もうちょっとかわいらしいことを言えばいいのに、おまえときたらシラッとして――」

「言わぬは言うに優《まさ》るいう言葉もあります」

それこそシラッと応じて、私は続けました。

「下手なことしゃべると全部嘘になります。私、おべっか言うの嫌いですから」

「なら何を思ってた」

京都駅（昭和10年代）　写真 梅寿堂茶舗

駅構内切符売場　写真 梅寿堂茶舗

「学林出たら高源寺に二度と帰ってこんと思ってました」

平然と言いのけると、師匠は「人に学費出させといてようそんなことを」と言って絶句しました。

私が入学した美濃《みの》尼衆学林は、臨済宗尼僧の徒弟のみを対象とした五年制の学校で、私の在学中は十四、五歳から二十歳くらいまでの三十数名が同じ屋根の下で修行に勤《いそ》しんでいました。尼僧と認められるには、学林の五年間で勉学と托鉢に励んだあと、専門道場で最低三年間は坐禅に打ち込み、都合八年以上の集団生活を経なければならないとされていた時代のことです。

学林には生活全般にわたってこまごまとした規則があり、特に「鳴りもの」ひとつで全員が一糸乱れずに行動するさまは圧巻でした。鐘の音で朝の三時に跳ね起きて身支度を整え、次の半鐘で粛々と本堂に出向きます。お経を終えるころに鳴る「柝《たく》」(拍子木)で朝一番の茶礼《されい》が始まり、次の柝で一斉におじぎ、頃合になると典座《てんぞ》さん(食事係の僧)が打ち鳴らす「雲板《うんぱん》」の音を合図に昼食、という具合で、お経の声以外はすべてが無言のうちに行なわれます。独特な食作法を始め、ありとあらゆるしきたりがあり、たとえば真冬でも足袋《たび》をはくことは許されず、堂内に火の気もなく、四方の障子は開け放し。厳しいといえば厳しいけれども、すべてが修行の一環となっていました。

当時、学林の真南に岐阜六十八連隊の兵舎がありました。遠くから起床ラッパが聞こえてくる頃、私たちはとうに朝ご飯をすまして坐禅をしています。反対に、兵隊さんの耳には朝の三時の鐘の音とそれに続く木魚の音が届いていたのでしょう。「ちょうど妹くらいの年齢の尼さんたちが、今あの山際で修行しているのだと思うと、大変慰められて勇気が出た」と、のちに聞かせてくれた人がありました。

習得科目には教義や宗教史などのほかに、国文学や漢籍があり、また、算数・代数・地理・博物学などの一般教養も組み込まれていましたが、外国語だけはありませんでした。托鉢のない日は午前中三時間三課目、午後一時間一課目の授業を受けます。

女学校や小学校高等科を経てやってきたほかの生徒にはすぐに馴染《なじ》めない学林生活も、私にとっては朝飯前でした。着物に寒中素足の生活は高源寺で慣れていたし、掃除やお勝手仕事にしても、ひとりで全部やっていたことを三十五人で分担するのですから楽勝です。隠居さんの熱心な指導を受けていたおかげで、授業の多くは私にとって復習の時間となり、自習時間は昼寝ができるほどでした。寺での二年間は学林に馴染むための予行演習をやっていたようなもので、そのため私は平均点が九十八点という、学林創立以来初の成績を修め、学力の面でも素行の面でも一番目立つ優等生になっていました。

そうなると元来の天の邪鬼な性分が頭をもたげ始めます。成績順で席が決まるため、前の席を嫌って白紙の答案用紙を出したり、お勝手から材料をくすねて三十何人分のライスカレーをつくってこっそりみんなで食べたり、悪さばかりしているうちに今度は要注意生徒として注目を集めるようになりました。

そんな私にとって、学林での日々は耳にしていたほどつらいものではありませんでした。むしろ自分の寺にいるよりもずっと楽しく、高源寺では体験することのなかった托鉢も大好きになりました。

月に五回行なう日帰りの托鉢のほか、学期の終わりに泊まりがけで行く「遠鉢《えんぱつ》」があり、どちらも決められた日には雨が降ろうと雪が降ろうと、三人一組で出かけなければなりません。遠鉢以外は乗り物を利用できず、すべて徒歩。極寒の雪の日などはわらじや脚絆の間に雪が入ってそのまま凍りつき、馴れないうちは、氷のかたまりで皮膚が擦《す》れて血だらけになったりもします。身体を傷《いた》めつけることが修行だとは私には思えず、雪の日にまで出かけることへの疑問は今も残りますが、それをのぞけば楽しいこともたくさんありました。三人で山を越え谷を越え、手分けして食事や宿泊先を世話してくださる篤信の家を探しながら托鉢するのは、ゲームのようなおもしろさがありましたし、外の世界に触れ、在俗の人たちと接することで、一種の社会勉強のような側面もありました。

遠鉢で名古屋へ行くと、中村遊郭のあたりでは縁起をかつぐ女郎さんたちがお布施をはずんでくれます。「夕暮れぼんさん」といって、色街では夕方坊さんを見かけるとゲンがいいとかで、みんな私たちの衣を触りたがるのです。逆に午前中、なまものを扱う魚屋か何かの前で托鉢しようものなら、塩を撒《ま》かれます。「朝から坊主に来られちゃ魚の鮮度が落ちちゃうよ」というわけです。精神修養につながることばかりでなく、ちょっと通俗的なそんな経験も私たちにはおもしろく、托鉢を通していろいろなことを教わりました。

学林のある岐阜は私のふるさとにも近く、やはり仏縁の深い土地柄で、在家の立場から出家者を護ろうとする「外護《げご》の力」が強く働いているのを感じました。施してくださるのはだいたい米か麦、ときどきお金で、米と麦は用意してきた別々の袋に入れて背負います。どれだけたくさん集まっても、もちろん自分のものになるわけではなく、学林を運営している寺にすべて納めるのです。何の欲も得もない十代の女の子が一所懸命にあげるお経は清々しいものだといって、土地の人は喜んでお世話をしてくださいました。

おもしろいのは、いくら托鉢しても袋が軽いままの人と、あふれて困るほどの人とのふた通りにわかれることで、私はいつも後者でした。そのため、「宗清さんといっしょの組になれますように」と祈った子もあったそうです。

ふるさとの父や母も托鉢僧を見かけると信施《しんぜ》をささげるのに一所懸命でしたが、私が出家してからはなおさらで、我が娘に食べさせているような思いで托鉢に応えていたことでしょう。まるで、親の功徳がまわりまわって私のもとに届いているようでもありました。また、両親が商売をしている範囲も広かったので、私が知らなくても先方のほうで私を知っていてくださるということもありました。

「水車小屋のきよちゃんは元気かいな」「私です」「あんたかいな、ちょっと待ちや」で、すぐお米が倍になりました。

村の人たちはみな、私たちを身内のように思ってやさしくしてくださいました。その情愛の深さに生徒たちはどれだけ慰められ、励まされたことかわかりません。

学林では新聞を見ることもラジオを聴くこともありません。

五年間、ほとんど世の情勢とは無縁のままに日々を過ごしますが、太平洋戦争が始まった昭和十六年十二月八日は托鉢に出た先で号外を見ました。氷雨《ひさめ》の降る寒い日でした。

〈帝国はついにやった。宣戦布告だ！〉

帝国はいったい何をやったんだろう――。見出しが目に飛び込んできても、事態がうまくのみこめませんでした。遠くから六十八連隊の兵隊さんたちが「バンザイ」と叫ぶ声が聞こえてきます。号外に再び目を通しているうち、アメリカとイギリスを相手に戦いを始めたこと、真珠湾攻撃で大きな戦果を上げたことが次第にわかってきました。

私は寒さに震えながら、「バンザイ――やろな、やっぱし」と呟《つぶや》いていました。

二つの闘い

私が学林の三年生を終える頃、京都では妹弟子が小学校の卒業式を迎えていました。驚くべきは、小学校を出たあと、妹弟子は髪を伸ばしたまま女学校へ進んだということです。事前の説明はもちろんなく、私はそのことを四年生になってから知りました。師匠のやることが私には理解できませんでした。

宗清はこの寺の跡継ぎだから学歴は問題にならないが、妹弟子の宗弘《そうこう》はちがう。かわいそうなことに、ゆくゆくは他の寺に出さなければならないのだから、女学校くらいは出しておいてやらないと――。

あとになってから師匠がくりかえし口にしたその理屈は、私には言い訳にしか聞こえませんでした。

さらに驚くべきは、私に隠れてまでして女学校へやった宗弘さんを中退させてしまったことです。五年生も終わろうというとき、いきなりこんなことを言いつけられました。今回、宗弘を中退させて学林に入学させることになったから、そちらで入学願書を始めとする書類をそろえて手続きをすませるように。卒業式の日に宗弘を岐阜駅に差し向けておくから、おまえの袈裟《けさ》文庫（行脚《あんぎや》の際に袈裟や経本等を入れる箱。首から提げる）から衣裳まで、一切をあの子に引き渡して責任をもって入学させてやってくれ。

小学校を卒業したときと同じことを平気でやろうとしている師匠は、私にとってもう理解の外の人でした。

昭和十八年三月、学林を卒業する日がやってきました。

卒業式で、私はまたちょっとしたイタズラをやらかしました。答辞を読むことに決まった私は、ふとした思いつきから四年生のトップの子を呼び出して、ひとつの計画をもちかけていたのです。

「あんた、五年生の気持ちになって惜別の言葉を書きへん？　代わりに私が送る言葉を書くから」

そうしてお互いが書いてきた送辞と答辞を直前に交換しようというわけです。おもしろがってすぐに乗ってきたその下級生に言いました。「ウソでもなんでも、なるたけ悲しく書いといてや」

私たちのはかりごとを知っていたのは、事前に原稿を見せておいた先生ひとりだけです。壇上にあがる寸前に原稿を交換したふたりは、相手の書いたものを初めて読むので、スラスラとは読めません。そこがまたおもしろいところで、つかえるさまがいかにも名残りを惜しんでいるように見え、聞く者の心を揺さぶるのです。お互いの文章に感極まって、読んでいる私たちも本気で涙をこぼすという感動の一幕が終わると、例の先生ひとりが「楽しかったでや」と共犯者のまなざしで微笑みました。

卒業証書を手に、法友たちと連れ立って岐阜駅に到着すると、妹弟子の宗弘さんがしょんぼり待っていました。それはなんとも侘《わび》しく、さびしい光景で、このときほど妹弟子をいじらしいと思ったことはありません。私と交代に入学する宗弘さんに必要なものを譲り渡し、卒業したばかりの母校に送っていきました。

学林という一種の隔絶された世界から高源寺に戻ると、世の中は戦時色に染まっていました。非常時の息詰まるような空気に初めて触れ、学林での暮らしとの落差に戸惑いながらも、私は次の一歩を進めようとしていました。

心がくじかれたのは、五年間の修勉の証しとなるはずの学林の卒業証書が、世間では何の役にも立たないと知ったときです。龍谷大学の哲学部の聴講を希望していた私は、大学職員の「あなたの履歴では小学校卒としか見なされないので許可できない」という言葉に呆然としました。入学を希望しているのではない、聴講生で結構なのです、と重ねて訊《たず》ねても、答えは変わりません。

女学校卒の学歴がなければ聴講生にすらなれないと知った無念さとともに、二年で中退した妹弟子のことを思いました。どうして師匠はせっかく入った女学校を辞めさせて世間で通用しない学林に入れることを決め、何ひとつ新調してやらずに、岐阜駅でひとり待たせるような無慈悲なことをしたのか。そして、どうして妹弟子はそれに従ったのか。もし私なら、石にかじりついてでも女学校の卒業証書を手に入れるまで動かないだろうに、と。

私は龍谷大学の一件を怒りとともにぶちまけて、師匠を問い詰めました。どうしてこんなことをしたんです！　いったい師匠は、ふたりの弟子をどう育てようと思っているんですか！　なにかというとおまえは姉弟子だなどとおだてておきながら、お経ひとつ教えてくれるわけでもなく、私に何をしてくださったというんですか！

私は感情を爆発させてうわっと泣き出し、ただ押し黙っている師匠の目の前で学林の卒業証書を一気に引き裂いてしまいました。

その頃、隠居さんはすでに疎開し、妹弟子は岐阜の学林へ。初めて師匠とふたりきりになり、そこにはもう、緩衝材《かんしょうざい》の役割を果たしてくれる人はひとりもいませんでした。

戦争の真っ只中、国じゅうが苦しんでいるとき、私はもうひとつの闘いを闘っていたのです。

軍国少女

進学への願いが叶わなくても、私の向学心が萎《な》えることはありませんでした。むしろその悔しさをバネに、ありったけのエネルギーを習い事にふりむけていったのです。写経を通して字を綴る歓びを知った私は、本格的に書を学ぶため、私塾への入門を希望しました。私に対する負い目を感じていたはずの師匠は、それを許さないわけにはいかなかったでしょうし、私は私で何か要求があれば、女学校へ行かせてもらえなかったことを楯にとって師匠に迫るぐらいのしたたかさは身につけていました。そうして書と漢籍を習うための塾通いが実現しました。

何かに興味を持つと、とことんまでやらなければ気のすまないところが私にはあります。気軽に手を出さないかわりに、いったんこれと決めてとりかかると、修得するまでは明けても暮れてもそのことが頭から離れなくなるのです。その対象はやがて、書からお茶、和裁、料理へと移っていきますが、何であれ、心血を注いで打ち込まずにはいられない私の性分は相変わらずでした。

週二回の塾通いは一日も欠かしませんでした。甲斐あって、入門から半年ほどで書道の正師範を授与されました。そして思いがけないことに、その肩書きのおかげで日本電池株式会社に就職することができたのです。

尼の私が就職したと聞けば意外に思われるかもしれませんが、総動員体制のもと、中学生までもが勤労奉仕に駆り出されていた戦時中のことですから、別に珍しいことではありません。学林の同級生や下級生も、託児所の保母や村役場の戸籍係として公共機関で働いていました。

就職の世話をしてくださったのは、兄弟子にあたる玉井香山《たまいこうざん》和尚です。私の得度師匠でいらした玉井澤州和尚の跡を継いで、大徳寺塔頭《たっちゅう》芳春院《ほうしゅんいん》の住職となられていた香山和尚は、私の正師範授与を自分のことのように喜び、自らが保証人となり、日本電池本社工場に特殊技能保持者として私を推薦してくださったのです。

開戦と同時に平和産業が軍需産業に切り替わっていました。日本電池も潜水艦用蓄電池をつくる軍需工場に変わり、芳春院はその幹部たちの精神を鍛えるための錬成道場になっていたのです。道長である玉井香山の口添えで入社がかなった私は、配属された労務課で事務員として働き始めました。日給が一円ちょっと、月給にして二十五円ほどでした。

何がきっかけだったのでしょう。ある日、社長の島津源蔵氏の目にとまり、社長室に呼ばれました。

「今日から隣の部屋で書類の清書をするように。労務課の小川課長には僕から言うとくから」

その日から、島津製作所の二代目にして日本電池の創業者であり、昭和のエジソンとまで呼ばれた島津源蔵のそばについて、書類の作成に明け暮れることになりました。一字の誤字も許されず、書き損じはすぐに焼却するほど厳重に扱われている重要文書です。内容がみだりに人目に触れないようにと個室が与えられました。気がつくと、特殊技能手当や残業手当を含めて月給が百円ぐらいに跳ね上がっていました。

国のために何かせずにはいられない時代の空気が漲《みなぎ》っていました。私も剃髪した頭に規定の戦闘帽をかぶり、日本電池の徽章《きしよう》をつけて通勤することに、何の疑問も抱きませんでした。むしろ貢献しているという喜びと、非常時の緊張状態から生まれる昂揚感のようなものを覚えていました。

国法より仏法を優先し、釈迦に帰依《きえ》することを誓った仏教者として、あれは矛盾した行為だったのかもしれない、とはすべてが終わってから思うことで、「大東亜の平和のために」というスローガンを信じて疑うことのなかった自分は、あさはかというよりもあわれでした。

統制経済のもと、紙一枚、筆一本が思うように手に入らない窮屈な時代でしたが、曇り空から一条の光が射し込むような出来事もありました。半紙のかわりにありあわせの美濃《みの》紙を貼《は》り合わせて、新聞社主催の「関西女流書道展」に応募した作品が「特選」に選ばれたのです。

男手のような書体に、名前は「宗清」。作者は男と誤解され、いったんは女流ではないからと除外されかかったそうです。調べてみると弱冠十九歳の尼僧さんと判明し、よけい驚かされた、という内容の審査員のことばが新聞に載りました。私はよほどうれしかったのでしょう、師匠に抱きついて泣きました。師匠も共によろこんでくれました。

それでも賞状授与に際し、「宗清は忙しいので私がうかがいます」とひとり決めし、その栄誉を本人に味わわせてやろうとは夢にも思わない師匠は、やはり変わった人だとあらためて思わないわけにはいきません。それを当然と受けとめていた私もまた、変わり者でした。まったくもって、けったいな関係です。

食糧難

私が会社勤めに励んでいるいっぽうで、師匠は寺を守るために奔走《ほんそう》していました。ご本尊をはじめ、本堂の天井から小さな仏具に至るまで、動かせるものはすべて疎開させるべく手はずを整え、師匠は高源寺の責任者として自分が担《にな》ってしまった役割を果たそうと必死だったにちがいありません。混乱のさなか、疎開先や輸送方法を確保するために、どれだけ手を尽くし、どれだけお金を費やしたことか。部屋住みで当事者意識のない私には、そんなことは及びもつきませんでした。

師匠は焼け出されたときのことを考えて、配給米を地下に隠していました。それも当時の私には及ばない発想でしたが、あとでわかったのは、ふたりで五合四勺《しゃく》（一勺は一合の十分の一）の配給米のうち五合だけ炊いて、四勺ずつの米をそのつど貯《た》めていたらしいということです。

その倹約分はともかくとして、師匠は毎朝、ふたり分の米を炊くと、きっちり六つの茶碗に分けました。一日ひとり三つという割り当てで、今日の分はこれだけだよ、というわけです。

残業に次ぐ残業で疲れ果てている私はつい口走ったものです。腹が減って死にそうや。闇米でも何でも買うて食わせてくれ――。師匠はそんな私を〝非国民〟と極《き》め付けて罵ります。戦地の兵隊さんのことを考えたら、どうしてそんなことを口にできようか。おまえの言ってることは非国民や。自分が恥ずかしいとは思わないか――。

戦局同様、高源寺内の闘いも苛烈《かれつ》さを増していました。

田舎の商売人の家に生まれ、野山を駆けまわって育った私に対して、師匠は士族の出で気位が高く、根っからの京都人。正反対の個性がふたりきりになったことでむき出しになり、真っ向からぶつかり始めました。

「闇米買うてくれ」と要求する私には、百円の大金を稼いでいるという自負がありましたが、師匠には師匠の、寺の危機をいかに救うかという大問題を一身に背負っているという自負があったのでしょう。死ぬ覚悟でことにあたっている師匠の煩労《はんろう》に少しの理解も示さず、顔さえみれば食べ物の不足しか口にしない弟子への苛立ちは、今となれば理解できなくもありません。

だからといって「闇市で買うてまでしてようメシを炊かん」という師匠の流儀には馴染めませんでした。それが倫理観から来るものなのか、士族のプライドなのか、あるいは無力な自分への言い訳なのかはわかりませんが、私に言わせれば単なる甲斐性なしです。

そういう私も別の意味で甲斐性なしでした。給料という現金を手にしていながら、自分で買うこともしなかった。しなかったというより、そんなことは考えてもみなかった。自分の財布というものを持ったことのない私には、「誰がどれだけ稼ごうと、手にしたお金はすべて寺のもの」という感覚が染みついていたからです。

そのため、こと金銭問題に関しては疑り深い師匠からも「あの子ならどれだけ金を触らせても、くすねるようなことは決してしない」と、手放しで信用されていました。

その私が、仮にいっぺんでもおかしなことをしたら、どれだけ大変なことになっていたでしょうか。

女学校を辞めさせられた宗弘さんの例があります。

宗弘はへそくるから気をつけなあかん――。これは、「なぜ妹弟子を中退させて学林に入れたのか」と私が訊ねたとき、師匠の口から洩れた言葉です。

私の質問に対して、師匠はこう切り出しました。

「毎日な、砂糖が減っていくんや」

ある日、不審に思って砂糖の容器に印をつけた師匠は、妹弟子が砂糖を少しずつ盗み出していることに気づいたというのです。

驚いた私は、後日、宗弘さんに確かめました。

「師匠はそう言うてたけど、その砂糖、あんたどないした？」

「マッチ箱あるやろ。あれ十ほどな、女学校の友達に持ってきてもらって、毎日その中に砂糖をいっぱい詰めて学校へ持っていくのや」

「それをどうするのや？」

「鉛筆や筆と交換した。だって師匠、何も買《こ》うてくれへんもん」

物資が不足し、砂糖もそろそろ統制され始めた頃でしょう。宗弘さんも考えたな、とへんなところで感心していると、

「女学校に入れてくれたはいいけどな、師匠は学費も払ってくれへんさかい」

と宗弘さんは続けました。さすがに学費となると大金で、砂糖との交換ではとても追いつきません。宗弘さんは女学校の教頭が師匠の弟だということに目をつけて、教頭にかけあったというのです。

「あなたのお姉さんは私の学費を払ってくれへんので、教頭先生、すいませんけど代わりに払っておいてください——私、そう言うた。そしたら先生、払ってくれたってな。びっくりした教頭先生から師匠のところへ手紙が行ったんやろ。そんで師匠からきつう怒られて、『辞めてしまえーッ』で、しまいや」

「それにしても、あんた、ほんまにけったいなことすんのね」

「そうでもせなんだら、『なんで学費を持ってこん』て、しょっちゅう私が呼び出されてかなわんやんか」

文房具を買い与えなかったことはまだしも、女学校へあげておきながら、学費を出さないで平然としている師匠。

さもありなん、と思いました。私がお習字に通う電車賃、往復十二銭をいつも出し惜しみした人でした。頼み奉《たてまつ》ってやっともらって、今度は月末に払う月謝をもらうのでまたひと苦労。

「師匠、月謝の一円を」「今度にしとき」「じゃ、今日行くのやめます」「何で行かへんのや」「月謝くれはらへんから」――。

見るに見かねた隠居さんから「どうせ出すのならさっさと出したりぃな」とたしなめられ、やっと財布を取り出す師匠の心理は最後まで理解できませんでした。

宗弘さんの砂糖の話は、開戦してまだまもない時期のことです。

それからすでに二年以上が過ぎ、今や国民の窮迫状態はより悪化していました。物資はいよいよ不足し、食糧難はときに人の心の荒廃を招くほど深刻さを極めていました。

ある日、細かい事情は忘れましたが、自転車を借りて会社から寺まで何かを取りに帰ったことがありました。

寺の中に師匠の姿はなく、呼べども返事がありません。

ふと、防空壕の扉が開いているのに気がつきました。

なにげなく中をのぞいた私の目に飛びこんできたのは、二十個ほどのおむすびをのせた大皿と、師匠の背中――。思わず「あッ」と叫んだ瞬間、師匠は皿を自分のうしろにサッと隠しました。

私はきびすを返すと自転車に飛び乗って、もと来た道を川めがけて走り出しました。自転車ごと川に突っ込んであてこすりに死んでやれ！

憤怒《ふんぬ》で全身がわなわなと震えていました。

空腹を訴えただけで非国民と人をなじっておきながら、私の留守に何をしようとしていたんだろう。

あれは自分で食べるのか、人にあげるのか。

それはどうでもいい。隠したことが許せない。なぜ隠す。

「たんとつくったからおまえもおあがり」となぜ言えない。

こんなのは親子でもなんでもない！

力いっぱいペダルを漕ぐと、涙でかすむ景色がどんどんうしろに飛んでいきます。

川が見えてくる頃、はたと気づいたのは、私は川では死ねないということでした。

自分が木曾川を泳ぎ切るほどの泳ぎ手だったということを私はやっと思い出し、そのとたん、すっかり力が抜けてしまいました。

終戦

会社勤めを始めて二年近くになろうとしていました。

その日、私は課長に呼ばれ、大阪までのお使いを仰せつかりました。

「この書類を今日中に海軍の監督官殿にお渡ししなければならないので、すまんけどお願いします」

ただし——と課長は続けました。

「正午に重大放送があるということだから、それを聴いてから行ってください」

書類を抱えて私は正午が来るのを待ちました。

五分前になると工場の騒音がぴたっとやみ、そのとき初めて、ものすごい勢いで鳴いているセミの声に気づきました。

スピーカーから雑音に混じって聞こえてくる甲高いお声。それが天皇陛下のものとはよもや思わず、内容もよく聞き取れず、いかにも不得要領な表情を浮かべていただろう私に向かって、課長が言いました。

「村瀬さん、書類はもう燃やしますから返してください。日本は負けたんですよ」

「どういうことですか」と私。

「無条件降伏です」

「無条件降伏ってなんですか」

「敵のいうなりになるということです」

神風が吹くことを信じきっていた軍国少女はそこまで聞いてもまだわからない——。

「どの国が、ですか？」

すべてをのみこむのに一時間ほどかかったでしょうか。部屋じゅうが騒然とし、みんな声をあげて泣いていました。

小川課長はすでに気持ちを切り替えて、大番頭としてすべきことを始めていました。

「我が社が本来の姿に立ち返るためには、まずこの不況を乗り切らねばなりません。そのためには人員整理が必要です。これまで尽くしてくださったみなさんにこちらから辞めてくださいとはよう言われませんから、我と思う方はどうぞ、辞表を書いてください」

私は辞表を出し、机の上の私物をまとめて外に出ました。門を出たところで振りかえると、朝はまだかかっていた「神武明光株式会社」という看板がすでにはずされ、入社当時の「日本電池株式会社」に替えられていました。はずされた看板の文字は私が書いたものでした。日本電池は平和産業に戻ったのです。帰り道、早速ゲートルをはずして歩く男たちの姿がありました。ステテコ姿の男の脛《すね》には剛毛がうずまいています。初めて見る男の脛毛の、その濃さに驚いて、見るともなしに見つめていました。

市電に乗って四条大橋まで来たのは、ふるさとが恋しかったからかもしれません。木曾川を思い、心は無意識に川をもとめてさすらっていたのでしょう。

四条大橋の北側の欄干《らんかん》にもたれて鴨川を飽かず眺めているうち、いつのまにか夜になっていました。両岸の料亭が灯《とも》し始めた裸電球の光が川面にゆらめいているのに気づいて、ふと顔をあげてふりかえった私は、目の前に広がる光景に息を呑みました。昨日まで真っ暗だったはずの四条通りに街燈が煌《きらめ》き、東は祇園《ぎおん》から西は四条大宮までその光が一直線となって続いていました。光の列に沿うようにして、向こうのほうから孫の手をひいたおじいさんが歩いてきて、浴衣《ゆかた》の胸元を団扇《うちわ》であおぎながら私の前を通り過ぎました。平和とは夜が明るいものなんだ――そのとき、そんなふうに感じたことを今もはっきりと憶えています。

我にかえってあたりを見渡すと、通りをゆく人はみな、口にこそ出さないものの、戦争が終わった解放感と喜びを体じゅうから発していました。その足取りは軽く、表情には笑みが浮かんでいます。今にも川に飛び込みそうな、思い詰めた顔をしているのは私だけでした。

おかしなことに、私は「死にたい」と思っていました。

生きていてもしかたがない、と思ったその気持ちを言葉にするのは難しい。昨日までのことはなんだったのか。親しい人も、そうでない人も、たくさんの人が死んでいった。日の丸のために。誰か説明してほしい、どうしてこんなことになったのか――。

ひとことで言えば、とても愕《おどろ》いていました。そして混乱していました。他の人と同じように、戻ってきた平和を肌で感じながらも、それをそのまま自分の平和に重ねられずにいました。平和を喜ぶ周囲の空気と自分との間には大きな隔たりがあるように思われ、その意識がいっそう私の孤立と寂寥《せきりょう》を深めていたのかもしれません。帰りついたのは明け方四時ごろでした。

翌日からしばらくの間、ごろごろと寝て過ごしました。会社に行けという師匠に、退職願いを出したからもう行く必要はないと告げると、何でそんな勝手な真似をしたのかとなじられました。

私は国のためと思って働いた。戦いがすんだ今、本来の尼の姿に戻るのが筋だ。そのまま勤めを続ける気持ちはない。

そんな私の言い分には耳を貸さず、師匠は「ほんならおまえ、給料の百円はどうなる」と声を荒らげて詰め寄りました。

「あれは特別手当があって百円や。平和産業に戻ったら二十円あるかないかわからんし、人員整理せんならん企業が勤労奉仕に来た人間をそのまま使ってくれへんですわ、尼さんみたいなもん」

「何言うてる。田舎の寺の尼さんは村の役場に勤めて、戦争終わってもそのまま働いて賞与までもろてる」

「よその寺のことは知らん。それに役場と企業はちがう。ほんなら、師匠は一生給料とりにいけ言うんですか」

「そうや。ご飯食べていかんならん」

「それじゃあ、私はなんのために尼さんになったの……」

情けなくてそれ以上会話を続ける気力を失いました。それから、私は師匠とめったに口をきかなくなりました。


食糧難が続いていました。

師匠と一緒に防空壕に埋めた道具や保存食を掘り起こしていたら、米の入った一升瓶が五十本ほど出てきました。師匠が私に知らせずに配給米を倹約して貯めていた米です。

私は炊きたての白いご飯を思い浮かべました。幸福感がこみあげてきて、「今夜、あれ一本炊いてね」と言いながら知らぬ間に笑みがこぼれました。師匠は「いやだ」と言えるわけがありません。私に隠れて握ったおむすびの一件はふたりとも忘れてはいませんでした。

しかし、喜んだのもつかのまで、早速封を切り、器にあけてみると、それは米というより甘酒でした。全部腐って、白く濁った甘酒状の液体に変質していたのです。私は声をあげて泣きました。

一升瓶の口までいっぺんに米を入れてすぐに密封しておけばよかったものを、ちまちまと注ぎ足していたから、そのたびに空気に触れて発酵してしまったのです。高温多湿という防空壕の環境は甘酒の醸造《じょうぞう》に一役買ったことでしょう。

師匠は五斗もの米を全部ほかした――とうとうおむすびひとつ食べさせてくれずに。どろどろの米を流しながら、私はどれだけ泣いたことか。

もう言葉はひとつも出てきません。目にいっぱい涙をためて、ものも言わずにただ師匠を睨《にら》んでいました。

そんな私を師匠はどれだけ気味悪がったことでしょう。口答えをしていた頃の何倍も、私の存在を怖ろしく思うようになったにちがいありません。

彷徨《ほうこう》

気ぃつけなあきまへんで、アメリカはんが来たら、女は手当たり次第連れてかれて凌辱《りょうじょく》されるんやて――。

終戦の解放感と敗戦による屈辱感がないまぜとなり、巷《ちまた》にはさまざまな流言飛語が飛び交っていました。

まことしやかに囁《ささや》かれる噂のひとつに、住職は軍部に協力した廉《かど》で戦犯として連行される、というのもありました。

芳春院の玉井香山和尚が、「万一に備えて、宗清を高源寺の副住職とする書類を出しておけ」と言ったのもそのためでした。正式に届けをすませていれば、住職が罷免《ひめん》されたとき、副住職がすぐに交代できるという条例があるからです。香山和尚の助言に従って、私は副住職となりました。

季節は秋に変わろうとしていました。

何の用事があったのか、終戦以来、初めて京都駅まででかけたときのことです。向こうのほうから、見たこともないような美しい青年が歩いてくるのにふと目を奪われました。近づくにつれ、アメリカ兵だとわかりました。進駐軍の帽子を小粋にかぶって、足取りも軽くこちらに向かってきます。これが、鬼畜米英？

アメリカ人を間近で見るのは初めてでした。

鬼や畜生にも劣る――？　まるでお人形のようにかわいらしいこの若者が？　日本

の女を拉致《らち》する？　凌辱する？

そうは見えない。いや、絶対あり得ない。そう思った瞬間、何かが音を立てて崩れ去るのを感じました。あり得ないとしたら、これまで信じてきたものはいったい何だったのか。

私は茫然自失していました。それは、アメリカ兵をこの目で見たというたったひとつの具体的体験の前で、何年もかけて叩きこまれた軍国教育の嘘が一気に暴かれようとする衝撃に必死で堪えている姿だったかもしれません。

いつのまにか、口紅の色も毒々しい厚化粧の女たちがどこからか湧いてきて、二十歳前後のアメリカ兵の両腕に自分たちの腕を絡めてすがりついています。それはどう見ても、日本のオバサンが寄ってたかってかわいいアメリカ青年を拉致しようとしている図にしか見えませんでした。

大和撫子《やまとなでしこ》は、日本人の美意識は、いったいどこへ行ったのか。

日本はえらい国になってしまった。

これが敗戦ということか。

偽りを信じ込まされたことへの憤り、信じた自分自身に対する苛立ち、様変わりした世の中への嫌悪感が入り混じり、今にも窒息しそうな息苦しさを覚えました。

こんな世の中ついていけん――。

その日をきっかけにして、私は世間にも、自分自身にもすっかり失望し、何もかもが虚《むな》しくてたまらなくなっていました。もちろん、その根底には師匠とのことがありました。

ふるさとの山河を見て、肉親や友達に会って、それから死のう。

そう思い決め、師匠に里帰りの許しを請うたのはお彼岸の少し前でした。「転出証明持たんでお行き」と師匠は言いました。

「転出を持って出るとおまえがおらんことが町内に伝わる。人は何言うかわからんものや。わしがおっぽり出したように思われるのはかなんさかいな」

物資が不足し、食糧、衣料など生活必需品のほとんどが統制下におかれていました。転出証明がないと、旅先で配給を受けられません。「それでもかまわん」と思いました。すぐにでもこの場所を離れ、すべてをふりきってしまいたかったのです。

ふるさとへ向かう途中で岐阜に寄り、友達のいる養老の尼寺を訪ねました。

その寺の住職は私の師匠と学林の同窓生で、師匠の私に対する仕打ちに腹を立て「意見しに行ってやる」と言い出しました。「近くに空き寺があるから、いっそ京都をひきあげてこっちで寺を持てばいい」と私の身の振り方まで心配してくださいましたが、私はきっぱりと断わりました。田舎で寺を持つ意志はない、京都を離れるつもりもない。そう自分が言うのを聞いて、自分の中に残っている京都への執着をおかしく思いました。もうすぐ死ぬつもりなら、この先どこに住みたいも何もないだろうに、と。

それでも、何くれとなく世話をやいてくれる友達とそのお師匠さんの厚意に触れ、心が慰められるのを感じました。

あとは誰に会っておこうか。

死を覚悟した旅の始まりでした。

もちろん、ふるさとに帰っても、そんな素振りはひとつも見せませんでした。ふだんから、親に胸中を語ることはめったにないし、語らない限り向こうもあえて訊ねません。小さいうちから尼となり、生家に帰ると床の間を背に座らされ、何をやるにも特別扱いだった私。いつまで横になっていようと今さら咎めたり、うるさく心配する人もありません。

仮に何かあろうとも、あの子は還俗《げんぞく》してここに戻ってきたいなどとは決して言わない子だから、黙って見ていれば必ず帰っていく。親はそう思っているので、干渉せずにそっとしておいてくれるのです。

あるとき、いつ頃帰る予定かと母に訊かれ、「まだ決まってへん」と答えました。「そな帰るときは言いや」と言うので、なぜかと訊き返すと、帰るときにおもちを搗いてお土産にしてやるというのです。

「おもちなんて搗かんでええ。お土産にするくらいなら私が食べる」

高源寺に帰るつもりのない私はそう言いました。

「食べたいのか」と母。「食べたい」と私。母の心配をかわそうとでも思ったのか、「ほな、それ食べて帰ろか」とうっかり言うと、母は早速おもちを搗いて雑煮をつくってくれました。

私はそのおもちをなんと三十五個、三升ひと臼分を、ひとりでいっぺんに食べてしまったのです。食べても食べても、食べ足りない、まさに餓鬼です。それまでろくに食べていないところへいきなり大食したので、すぐにお腹を下して何日も止まりませんでした。びっくりしたのは親のほうです。

「宗清さん、なんぼ食べてもかまへんけど、無茶なことせんといてや。お土産にしよう思うた分までみんな食ってしまって、帰るときまた搗いてやらなならん」

「帰るときは手ぶらでええ。他へ寄っていくさかい、かまへん」

そうしてふるさとで年を越し、正月を迎え、肉親と過ごす最後の時間を心の中でじゅうぶんに味わうと、私はまた、身ひとつで家を出ました。

まだ下し気味のお腹を抱えて、次に向かったのは揖斐川《いび》です。やはり尼寺にいる友達を訪ねると、彼女は冷えきった私を豆炭のこたつに入れて寝かせてくれました。雪の降る、じめじめと寒い日で、湿気《しけ》たこたつ布団から湯気が立ちのぼるのが見えました。

思えば終戦直後の国全体が生活苦に喘《あえ》いでいる混乱期に、みんな本当によくしてくれたものだと思います。着の身着のままで何も持たずにやってきた私をやすませ、暖をとらせ、食べさせ、助けてくれたのは、すべて学林時代の朋友たちでした。

文通をしていた葉室さんも学林の後輩です。私の出奔《しゅっぽん》を知り、「うちへ来てください」と手紙をよこしてくれました。

そして二月、私は比良山の向こうの禅智《ぜんち》院門跡《いんもんぜき》を目指して、揖斐川の寺を発《た》ちました。

初めて降り立った大津駅には、迎えに来てくれた葉室《はむろ》さんが待っていました。綸子の白い着物に紫の被布《ひふ》を着ています。いっぽう私は羊羹《ようかん》色に褪色《たいしょく》した衣に、チビた下駄、黒足袋かと思うほどに汚れた足袋。まるで乞食とお姫様の出会いでした。

華族出身の葉室さんは、京都の名刹霊鑑寺《れいかんじ》をいずれ継ぐ立場にある御附弟《ごふてい》さま（跡継ぎ）で、そのときは十九歳にして禅智院門跡の住職という肩書きでした。葉室さんは二枚重ねていた被布《ひふ》の一枚を私に着せかけ、私たちは、琵琶湖の西側に沿って比良山のふもとを走る江若《こうじゃく》鉄道（現ＪＲ湖西線の前身）に乗りました。

雪が降り出していました。

高島町で下車すると、長靴ともんぺと合羽《かっぱ》を二つずつ抱えたおばさんが近づいてきます。葉室さんの身の回りの世話をしているお付きの人でした。

「おはっつぁん」

〝御附弟さま〟を迎えにきたその人を、葉室さんはそう呼びました。

早速おはつさんの用意してくれた衣類を身につけ、雪の降る中を一里半ほど歩いたでしょうか。辿《たど》りついた寺は、たたずまいに荒寥《こうりよう》を滲《にじ》ませて、どこか『雨月物語』の浅茅《あさぢ》ヶ宿を彷彿《ほうふつ》させせました。雪の重さで崩れ落ちた樋《とい》が降り積もった雪に突き刺さり、ガラス窓には、戦争中、飛散防止用に貼られた紙テープがまだそのまま残っています。屋根からぶらさがった何本ものつららが窓の下まで伸び、部屋から見ると檻の中にいるような感じがしました。寒さのほうは冷凍室並みです。

それでも、掃除や整理が行き届いた美しい暮らしぶりや、仏具はもちろん、ふきんや手桶に至るまで、一通りではない道具が揃えてあるところに、寺の格のようなものを感じ取っていました。

霏霏《ひひ》として降りしきる雪は、いつまでも止みませんでした。

この人に会うたら死のう。もう思い残すことはない。そう思って、三日もしたら出発するつもりが、雪で道路も塞がり足止めを食らっていました。

「あわてんでもええやないの。急いで帰る用事もないんでしょ」

「ほなら、しばらくおいてもらおか」

比良山の北側ともなると、三月まで雪が解けません。幸い、そこには読むべき私の本がたくさんありました。日本電池に勤めていた頃、葉室さんが「うちに疎開してください」と言ってくれたことがあり、その申し出を断わると「せめて荷物だけでも」と譲らないので本だけ疎開させてもらっていたのです。雪に閉じ込められた私は、「こんなん、読まへんか」と彼女を誘っては、一緒に本を読んで過ごしました。学林時代、四つ年下の葉室さんに口伝てでお経を教えたものでしたが、その頃のふたりに戻ったような時間でした。

これまでお世話になったどの寺でもそうだったように、おはつさんは私を引き留めました。

「このままずっとここにいて、御附弟さまの力になってくれやっしゃ。ひとりで寂しがってはるさかい」

それはできない相談でした。この旅の終わりに私は——。

そうでなくとも、私は人をあてにするのも、あてにされるのも苦手でした。

「京都に帰らはるなら、送ったげるわ」と葉室さんは言いました。よもぎ団子をつくって京都の霊鑑寺に持っていくつもりだから、そのとき京都までご一緒しましょう、と。

お彼岸も過ぎた三月の終わり頃、団子のためのよもぎを摘みに野に出ました。戸外に出るのは四十日ぶりで、禅智院に身を寄せて以来初めてのことです。

葉室さんとおはつさんについてきただけの私は、よもぎを摘んでいる二人を眺めるともなく眺め、初めて触れる外気の感触を味わうともなく味わっていました。

小川に流れる水が煌《きらめ》き、セリが揺れ、メダカが泳いでいました。まだ風は冷たいけれども、光の眩しさとあたたかさに春の兆しをみとめました。

ふと、そよ風に誘われたのか、葉室さんが口ずさみはじめました。

花摘む野辺《のべ》に　日は落ちて
　みんなで肩を　組みながら
　唄を歌った　帰り道

『誰か故郷を想わざる』という歌でした。
葉室さんは次第に声を張り上げ、歌う歓びに身を任せるようにして、おはつさんと
一緒によもぎを摘んでいます。

　幼馴染《おさななじみ》の　あの友この友
　ああ　誰か故郷を　想わざる

その歌声を聴いているうち、ふいに何かがこみあげてきて、目頭《めがしら》が熱くなりました。
みるみるふくらんだ涙が、その重さにたえかねてほろりとこぼれ落ちたとたん、私は
堰《せき》を切ったように泣き出しました。
どうしてこんなに泣けるのか。

わけのわからないまま、とめどなくあふれる涙をどうすることもできませんでした。お日さまの光が燦々《さんさん》と降り注いでいる。春はもうそこまでやってきている。それなのに、私は死のうとしている。長い冬が終わろうとしているのにも気づかずに。私はどうして死ぬことばかり想っていたんだろう。

ぐしゃぐしゃの顔をぬぐうことも忘れ、涙が流れるのにまかせていました。

生きなきゃ。

生きてこそ――。

三月三十日、私は再び江若鉄道に乗っていました。

浜大津からは京阪電車で京都に向かい、蹴上《けあげ》駅にさしかかったあたりで、都ホテルの前の満開の桜が目に飛びこんできました。まだ雪の残る比良山から、ほんの少し南に下ってきただけで季節を飛び越えたことを知り、まるで鮮やかな手品を見せられたように目をまるくしていました。

この桜は去年も咲いたはず。一昨年も、その前も。何年も京都に住んでいて、私は気づかなかった。

花がこんなに美しく咲いているのに、どうして死ねるだろう。

負けてなるものか。

不思議な心の変化に自分自身が驚いていました。

母の搗いたおもちのかわりに、よもぎ団子を手土産に抱え、私は高源寺へと急ぎました。

仕切り直し

高源寺に着くと、私はすぐに修行に出かける準備を始めました。

本来なら、学林を卒業したあと、専門道場に入って最低三年間は坐禅に打ち込むのが筋でした。しかし、もっと勉強を続けたかった私は龍谷大学の件でもたついているうち、戦争の渦の中に巻き込まれ、修行に入る時機を逸してしまっていたのです。

尼衆専門道場は、一乗寺にある円光寺のほかに、名古屋の桂林尼衆専門道場があり、私が行きたいのは名古屋のほうでした。それは修行の内容と、古武士の女房のように凛《りん》とした責任者の人柄に惹《ひ》かれてのことでしたが、円光尼衆僧堂の開単《かいたん》（発足《ほっそく》）に高源寺が大きく関わっているという過去の経緯から、高源寺の徒弟は円光寺で修行しなければならないという不文律がありました。当時はそのことへの反発もあり、修行を先送りにしていましたが、空襲で名古屋の僧堂が潰れた今、どちらへ行こうかと迷う理由はなくなりました。

死ぬのはやめた。さてどうする。師匠のところに戻ってもまた同じ問題に行き当たる――。

一度いやだと思って飛び出した以上、再び同じ道を通ることを潔《いさぎよ》しとしない私が選んだのが、円光寺行きでした。


比良山から高源寺に戻ったその日。

やはり師匠は怒っていました。「宗清です」と玄関から声をかけると「そんな子、どこにおりましたか」と返してきました。

師匠の望みどおり、命の次に大事な転出証明を持たずに出て行ったのだから、おあいこじゃないか。私が放浪していた半年のあいだ、師匠は一人分よけいに配給の食糧を手に入れたはず。そう思っている私と、のっけからぶつかりました。

「今後どうするつもりや」

「専門道場へ行きます」

私は修行のための三年間の暇《いとま》を請うと、早速、円光尼衆僧堂に入るための書類をしたため、わらじを買い、あわてて脚絆を縫い、学林に入ったときと同じような衣裳を揃えました。

高源寺の門をくぐって三日も経たないうちに、私はもう円光寺へと発っていました。今度は転出証明を持って出ました。


修行二年目の夏休み、円光尼衆僧堂に籍をおいてから初めて里帰りをしました。私は早くも円光寺の修行に失望していました。

何かがおかしい。修行の真髄《しんずい》はこんなものとはちがうはず。これがほんものとはとても思えない——。ほかの僧堂をまだ知らない私にとって、その違和感は本能的なものでした。たとえていえば、大学へ行ったつもりが幼稚園の勉強から始めているような他愛なさ、もどかしさを感じていました。私が最終的に見定めてしまったのは、これは真似事にすぎないということです。

それでも、修行はあと一年半残っている——。

その夏、ふるさとで昼寝をしながら思案に暮れていたのは、そのことでした。ふと、ふるさとに向かう途中で寄せてもらった友達の寺で、お師匠さんが生徒をとってお裁縫を教えていたのを思い出し、ある考えが頭をよぎりました。

お習字はすでに修得し、正師範の免状がある。漢詩も読めるようになった。さらにお裁縫もできるようになれば、それに越したことはない。

三年の約束で師匠から暇《ひま》をもらっている。残りは一年半。同じ暇をもらうなら、愛想をつかした円光寺での修行に費やすよりも、一年ほどあの寺に住み込んでお裁縫を習ったほうがよほどいい。

しかし、それには月謝かお礼が要るはずだ。

師匠はただお金を出しはしないだろう。そうだ。お裁縫の修業が終わったら、着物の仕立てを引き受けて、その手間賃で返すということにすればいい――。

私のやることは一見、大胆に見えますが、駒を進めるときはいつも慎重です。どう布石を打てば自分の目的を果たせるか、蒸し暑い座敷で蝿にたかられながら、そのことばかり考えていたのです。そうして、この道しかない、と結論を下したあとの行動がとても早いのです。

立ち上がって「戻ります」と言うが早いか、「もう帰んのか」と驚く親の言葉も半分しか聞かないうちに、「用事があるさかいに」と言い残して高源寺に向かいました。

師匠を前に、いきなり用件を切り出しました。

岐阜の慈勝寺で一年間お裁縫を習わせてほしい。ご恩はいずれ返します。修業のために必要なお金を払ってください。修得した技術でお金を稼ぎ、払ってもらった分を師匠に返し終えたら、あとの収入は高源寺の経済の助けになります。師匠がじきじきに頼んでさえくれたら、きっと慈勝寺のお師匠さんは私を一年間預かってくれるはずです。

理路整然と説明し、「女学校の件」をときおりちらつかせつつ、師匠を説得しました。

師匠はわざわざ岐阜まで出向きました。どれほど自分を嫌っているかわからない、あの生意気な弟子のために、とぼとぼと。

「頼んできてやったぞ。さっさと行け。あとは月謝の二百円やろ。毎月送ってやるさかい」

なんだかんだと言いながら、私もじゅうぶん師匠を利用していました。

円光寺には暫暇《ざんか》願いを出し、十月一日から慈勝寺での裁縫修業が始まりました。一年間ですべてを修得できるようにと、ゴール地点から逆算して毎日の予定を立てたため、朝から晩までびっしりのスケジュールです。ほとんど初めて針を持つのですから、最初は大変な苦労でしたが、なにしろ〝思いこんだら命がけ〟という性分です。一日も遊びに出かけず、四六時中手を動かして徹底的に覚え込みました。

袖ひとつ縫うのに一日かかっていたものが、一年後には紋付を一日で仕上げるほど早くなり、衣も袈裟も、和服なら何でも縫えるようになっていました。

番狂わせ

慈勝寺から帰ってくると、学林をその半年前に卒業した妹弟子が高源寺に戻ってきていました。

それが意味するところは、高源寺の手は足りているということです。掃除やおさんどんも日課のうちだった小僧時代とちがって、私がやらなければならない仕事は特にありませんでした。お裁縫を除いては——。

さすがに師匠はぬかりなく、すでに仕立て屋と契約済みで、毎日のように上等な反物を預かってきました。

驚かされたのは、師匠の決めた手間賃です。仕立て代が一枚二百円。岐阜のお師匠さんは、十枚縫って二百円あったかなかったか。よくもそんなえげつない値段がつけられたものだと呆れましたが、「男仕立てにも負けない腕前ですから」という師匠の触れ込みどおり、ぴしっと仕立てた私の着物は着崩れしないと評判でした。

「お勝手せんでもええで」と師匠はご満悦で、「早う頼むな」と毎日反物を持ってきます。一日一枚、つまり一日二百円の現金収入ですから、月謝一年間分は一カ月足らずで返し終えていたはずです。師匠は笑いが止まらなかったことでしょう。

私は特別に書院の奥の南向きの部屋をあてがわれ、そこでお裁縫さえしていればいい、人が訪ねてきても出てこなくていいと言われました。なんのことはない、見栄っ張りの師匠は、跡継ぎに内職をさせているという噂が立つのをおそれただけでした。それでも初めのうちはよかったのです。師匠は喜び、慈勝寺のお師匠さんの面目も立ち、私も習った甲斐があったと思っていました。

一日かかって仕上げた着物は、夜、きれいに畳んで新聞紙の間にはさみ、ふとんの下に入れて寝押しをします。翌朝それを師匠に渡すと、引き換えのように新しい反物を渡されるのです。それが毎日毎日、何カ月も繰り返されるうち、『格子なき牢獄』とはこのことか、と思うようになりました。

朝起きてから夜眠るまで、誰とも会わずに針仕事。ほかにやることといったら朝のお経くらいなもので、「ご飯やでぇ」と呼ばれたら出ていき、食べたあとは茶碗のかたづけさえ免じられ、すぐに部屋へとってかえしてまた針仕事。たしかにそれは、獄中につながれた囚人の生活とどこか似ていました。

なんとなく、師匠にしてやられたような気さえしてきて、心は暗澹《あんたん》としていました。

こんなはずじゃなかった。これでは仕立物のためだけに生きているようなものだ。

私はお針子さんじゃない、尼なのに。

思わぬ誤算でした。


そんな暮らしに堪《た》えながら半年ほど経ったある日、師匠のもとに、妹弟子の宗弘さんを八幡の水月寺の跡継ぎにほしいという話が舞い込みました。高源寺にはこの私が跡継ぎとしてすでにいる以上、宗弘さんはいずれどこか別の寺の後住《あとじゅう》に出なければならない立場にありました。

師匠は私に、「宗弘を連れてわしの代わりに一度行ってみてくれ」と命じました。

「宗弘が行っても辛抱できるか、姉弟子としてよう見せてもろうといでや」

八幡の駅から歩いて歩いて、山を越え、やっと下りたところに小さな寺がありました。町育ちの宗弘さんは、その不便さに早速不安を覚えているようでしたが、私は山林や竹藪《たけやぶ》に囲まれたその地をどこか好もしく感じました。

私は師匠の言いつけどおり、水月寺の庵主さまをしっかりつかまえてはこころゆくまでお訊《たず》ねし、あちこちを見てまわりました。外から眺めるだけでなく、一日の参拝者の人数、部屋数、座布団の枚数、薪《たきぎ》小屋の炭俵《すみだわら》の数から裏の樽《たる》に漬物が何日分保存されているかに至るまで、一所懸命に頭に入れたのは、うるさい師匠に何を問われても答えられるようにとのことでした。

「宗清、今日はどうやった」

晩ご飯のあと、師匠に訊ねられ、私は調べた限りを報告しました。

「そうか、ようわかった。で、宗弘。おまはんはどうなんや？」

「山の中をあんなに歩かんならんような寺へ行くのはいやや」

師匠と隠居さんは、この話の仲介役として動いてくださっている和尚さんに恩義がありました。体面を重んじる師匠は断わるとなると沽券《こけん》にかかわるな、と思ったはずです。この、ふとした心の動きが、取り返しのつかないほど大きな波紋を投げかけることになろうとは、誰ひとり知るよしもありません。

妹弟子がいやだと明言したあと、師匠は私に向き直り、間髪を入れずに言いました。

「ほんならおまえ、行かへんか」

その言葉は私の胸を射抜き、地球が一気に二回転したかと思うほどの衝撃を与えました。

私は九歳でこの寺に来た日から、二十五歳になってまもないそのときまで、「おまえはこの寺の跡継ぎや」と言い聞かされて育ったのです。

〈おまえを女学校へやらなかったのは、何も憎うてのことやない。ここを継ぐと決まっているからやないか。宗弘は外へやらんならんから女学校へ行かせたまでや。どうしてそれがわからん〉

〈跡継ぎが師匠の代わりをするのは当たり前や。妹弟子の小学校の手続きはおまえにまかせたぞ〉

〈おまえの妹の行く寺をよう見といてくれ〉

跡継ぎなのやから……。おまえは跡継ぎのくせに……。少しは跡継ぎらしく……。

これまでの師匠の言葉が頭のなかでぐるぐると駆けめぐっていました。

今、師匠は私に〈行かへんか〉と言っている。妹弟子がいるからもう私を手放してもかまわないとでも？

ほかされた――。

心臓が早鐘のように鳴り始め、しばらく沈静化していた師匠への怒りと恨みが私の身うちで暴れ出すのを、もうひとりの私がまるでひとごとのように眺めていました。

おまえ、行かへんか。

答えはイエスかノーしかない。私は四の五の言わずに、たったひとこと「わかりました」と答えました。

「ご恩はいつか返します。私、八幡へ行きます。おやすみなさい」

部屋にひきあげ、ひとりになったとたんに嗚咽《おえつ》が洩《も》れ、急いで口を押さえました。ひと晩じゅう、布団をくわえて泣きました。

格子《こうし》なき牢獄が私の誤算なら、今度のことは、師匠にとっての誤算でした。

師匠は読み間違えたのです。よもや私が素直にうなずくとは思わず、「どうして跡継ぎの私が行かんならんのや」と騒ぐのを見越したうえで、おもむろに「そんなにいやなら、もう少しおとなしぃして、ここの跡を継ぎや」とでも言ってやろうと思っていたのです。生意気な弟子を少し牽制《けんせい》してやるつもりでいた師匠は、「はい、わかりました」という私の返事に、肩透かしを食らった格好となりました。

牽制にしろきつい冗談にしろ、もはやそんなお戯《たわむ》れが通じないほど、相手から自分が恨まれているということを、そして、それだけの目に遭わせてきたということを、師匠は忘れていました。

「行きます。ご恩は忘れません」

そう答えた私の蒼白《そうはく》な顔を見て、隠居さんと師匠は「しまった」と歯嚙みしたはずです。いったん言い出したら撤回するような子ではないことを、ふたりがいちばんよく知っていました。

それからの師匠は、いかにして自分を正当化するか、そのことばかりに頭を絞っていたことでしょう。

副住職にまでしてある跡継ぎを放り出したと知れたら、世間の非難が自分に集中することはまちがいない。後ろ盾となっている芳春院の玉井香山和尚、高源寺と深いつながりのある円光寺、学林の恩師たち——跡継ぎとしての宗清に期待を寄せていた人たちから何を言われるかわからない。なんとか身を守らねば。

「宗清、このことを人に言うのは、向こうに行ってからにしとき。それまでは、親にも友達にも学林の先生にも、絶対に言わんときや」

師匠が私にそう口止めしたのは、我が身かわいさからで、

「あれがあんなに恩知らずとは知りませなんだ。今度のことは宗弘のところにきた話なのに、行きたがっている妹に取って代わって、副住職を拝命までしておきながら私を放って行ったんどすえ」

と、私のかげで自分に都合のいいように触れまわり、予防線を張っておくためだっ

たのです。

そのからくりを、私は学林の恩師からの手紙で知りました。恩師のもとには師匠からの手紙が届いており、〈先生はあの子をどう教育してくださったか知りませんが、私を捨てて出ていきました〉という調子で、今回の経緯についてのねじまげた説明が私の悪口とともに書かれてあったそうです。私の恩師は師匠の恩師でもありましたが、ありがたいことに、私への手紙はこんなふうにしめくくってありました。

〈どんな事情があったかは知らないが、よかったではないか。水月寺は妙心寺派きっての尼寺なのだから、私はこれをあえて出世と考えたいと思う。そこでしっかり修行して所期の目的を達しなさい〉

「八幡へ行きます」と答えたのが三月末。それから正式に水月寺の副住職を拝命する五月五日までの一カ月間は、それこそ針のむしろにいるような毎日でした。

四月下旬、正式な挨拶のため、師匠とふたりで水月寺にうかがいました。

「よく大事なお弟子をくださいました。こちらでも大事にします」

後見人となってくださった八幡の円福寺の井沢寛洲老師が挨拶しているあいだじゅう、師匠は号泣していました。（なんで師匠泣かなあかん、自分で私をほかしといて。

ええかっこしてからに……）と、私は呆れかえっていました。

師匠は何を思って泣いたのか、今でも疑問です。事の重大さを今さらながらに思い知り、自分の大失策を悔やんでいたのでしょうか。

ものごとがひとつの方向へ動き出すとき、それまで道を妨《ふさ》いでいたさまざまな障害物が一気にかたづいて、それを望んでいた当事者さえもが驚くほどにあっさりとことが運んでしまうことがたまにあります。今度のことは、いったい誰が望んだことだったのか――。ほんのはずみから、のっぴきならない方向へと走り出し、ことは一瞬のうちに決まってしまいました。

そのことに驚かなかったのは鎮守さまの道了さんだけでした。

妹弟子と初めて水月寺を訪ねた晩、私はいつものように道了さんを拝んで、こんな願いごとをしていたのです。

〈私は今、格子なき牢獄に入れられています。

私にはどうしても、「おまえは一生ここで裁縫や」と師匠が嘲笑っているように思えてなりません。

だから――どうぞ私を水月へやらせてください〉

片方で師匠の失言に打ちのめされながら、もう片方では道了さんがほんとうに私の願いを叶えてくれたことを知って驚いていたのです。人生とはなんておもしろいものでしょう。

第二章 恋着

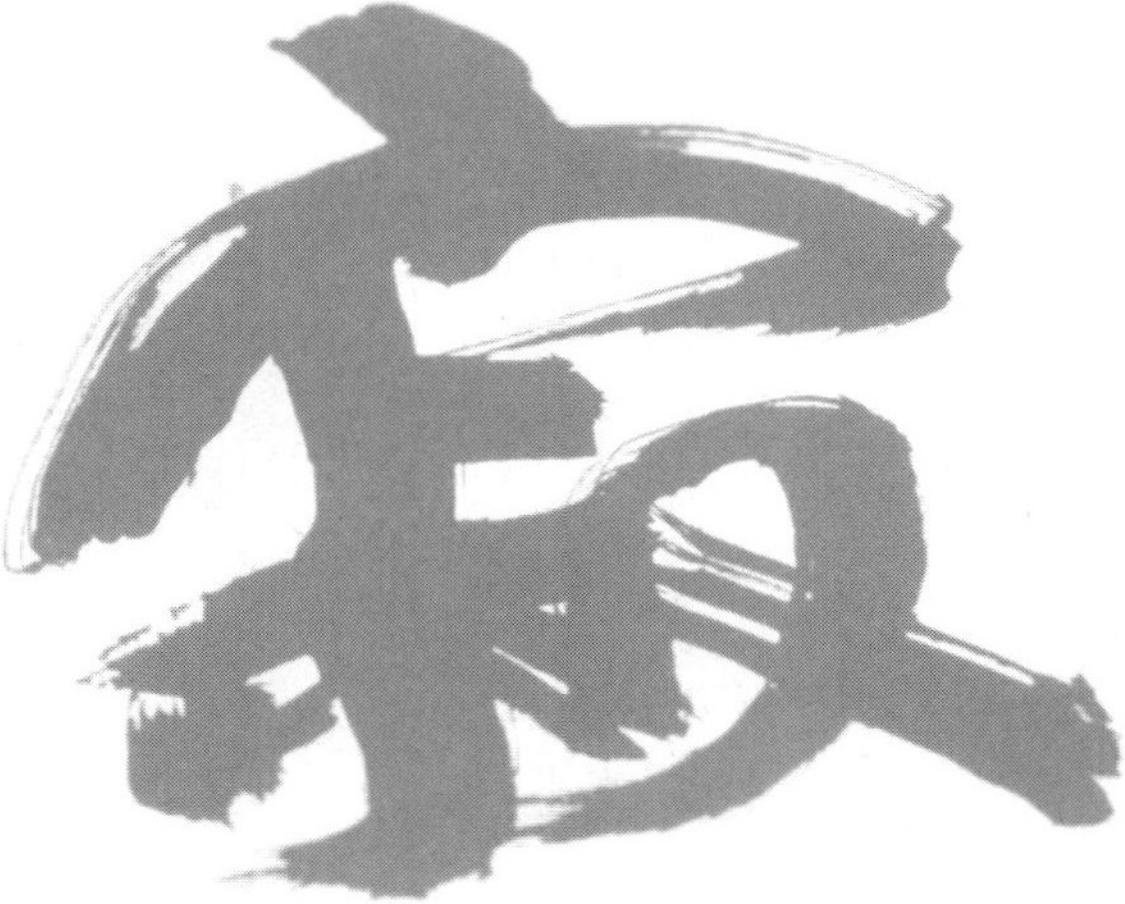

水月の若はん

昭和二十四年五月五日、私は副住職として水月寺に迎えられました。ついに高源寺を離れ、何年も続いた師匠との葛藤にピリオドを打つことができたのです（少なくともそのときはそう思っていました）。

二十五歳になっていました。

すでにじゅうぶんすぎるほど修羅場を経てきたつもりでいましたが、今思えばそのどれもが小さく閉じた世界の出来事にすぎませんでした。人生を舞台にたとえると、高源寺時代はまだ幕もあがっていない、楽屋話のようなもの。すべてが始まったのは、人間関係も環境も外へと開かれた水月寺からだったように思います。

高源寺という窮屈な枠の中で窒息《ちっそく》しかけていた私は、八幡の自然と人情に触れ、野生の魂が息を吹き返すのを感じていました。竹藪《たけやぶ》や山林に囲まれたのどかな雰囲気。親しみやすい人々。近隣には見渡す限りに畑や田んぼが広がっています。大根でもなすびでも、「水月の若はん」である私が欲しいと言えば、信者さんたちは好きなだけくださったものでした。

野菜のこと、土壌のこと、天候のこと——私は八幡のお百姓さんたちとの会話からどれだけ多くを教わったことでしょう。まさに、食べ物についての生きた勉強の場でした。のちに自分が料理に携わるようになるとも知らずに、私はそこでもっとも大事なことを学んでいたのです。

庵主さんは——私は水月寺の住職をそう呼んでいました——人間的な温かみを感じさせる、おおらかな性格の持ち主で、高源寺師匠と較《くら》べるとはるかに馴染みやすい人でした。師匠よりも少し若く、当時、四十代半ばだったでしょうか。どういうわけか、私は猫かわいがりにかわいがられ、煩《うるさ》いほどに世話をやかれました。おさんどんから洗濯から風呂焚きから、身の回りのことはすべて庵主さんまかせですむのは楽でしたが、目の中に入れても痛くないと言わんばかりの過保護な接し方が野生の子には鬱陶《うっとう》しく、しまいには誰に教わったか、「悪女の深情け」という言葉を思い浮かべたりしたものです。

庵主さんの盲愛をはじめ、水月での暮らしぶりは、ひたすら厳しく質素な生活を強いられてきた私にとって、珍しいことばかりでした。

何より新鮮だったのは、人の出入りです。すぐそばの円福寺で修行中の雲水さんはもちろん、豆腐屋さんから大工さんから、いろいろな職業の人たちがひょいと顔を出しては気軽に会話を交わしていきます。ときには食事をふるまったり、一杯くみかわしたりすることさえありました。

高源寺では来客自体が少ないところへもってきて、弟子の私が応対することはめったになかったし、出ていくことがあってもせいぜいご挨拶やお見送りをする程度。師匠と妹弟子、それに年老いた隠居さん以外、ろくに話す相手もその機会も与えられていなかった私は、水月寺の開放的な人間関係と、しきたりにとらわれない自由なやりかたに目を瞠《みは》りました。

人当たりのよさは庵主さんの美徳のひとつでした。特におべっかを言うわけでもないのに、決して人をそらさない、天賦《てんぷ》の才のようなものを持っていて、「よう来てくれはりましたなぁ、遠いところを」と彼女が言うと、実情はともかく、いかにもその人を待ちかねていたかのように聞こえてくるのです。言われたほうは社交辞令とわかっていても、なんとなく気分がいい。さらに「何もおへんけど、おうどんでも湯がいて食べてってもらおか」とくれば、いよいよ歓迎されているような気がしてくるというもので、その調子といい物腰といい、そこには誰にも真似のできない庵主さん独特の「何か」がありました。実際、庵主さんはとても手まめで、いつなんどき人が来ようと、さっと食べるものをこしらえて相手をもてなすということを、少しも苦に思わない人でした。

当時、水月寺を訪ねるには、八幡駅から五キロの道のりを歩かなければならず、その途中に食事処《どころ》はありませんでした。たとえば午後一時に見えたとして、その方は、駅に着いた午前十一時半頃からお昼も食べずに山ひとつ越えて来たということになります。相手の用向きはさておき、まずはぶぶ漬けでもおかゆさんでも、あるものをお出しして、おなかを一杯にしてもらってからゆっくり話をうかがえばいいやないの、というのが庵主さんの考えでした。

そういえば、私も今では庵主さんと同じことをしています。訪ねてきた人に何か食べていってもらおうとする癖、ふいの来客にも困らないようにご飯とお酒を切らさない習慣は、その頃身についたものかもしれません。

ともあれ、師匠と隠居さんの陰に隠れて他人と正面から接することのなかった私は、八幡に来て初めて社交というものを知ったのです。

水月寺に入寺したその日、田楽を届けに来た豆腐屋のヨネジさんは、私の目をまっすぐに見て名前を名乗り、歯切れよく言いました。

「どうぞよろしく！　八幡で豆腐屋をやっています。八幡に来たら寄ってください」

そのときの爽やかな印象を忘れないのは、それが他人と対等に口をきいた最初の体験だったからです。それまで男の人とは一度もおしゃべりをしたことがないのに、相手の調子につられて気軽に世間話をしている自分にも驚きました。二十五歳にして、初めて世間の風に当たったようなものでした。

水月寺副住職の拝命と同時に、僧名を「祖潤《そじゅん》」とあらためました。後見人となってくださった円福寺の井沢寛洲老師による命名です。おもしろいのは改名によって性質まで変わったことで、私はすぐに祖潤らしく、つまり水月寺の弟子らしくなり、高源寺であれほど叩きこまれたしきたりをおろそかにしても平気でいられるようになりました。

円福寺は、水月寺と同じ臨済宗妙心寺派ですが、こちらは尼寺ではなく、各地から修行僧が集まる立派な専門道場を備えた大寺です。山を隔《へだ》てて竹藪を十分ほど歩いたところにあるため、円福寺と水月寺の間には頻繁に行き来がありました。前にも書いたとおり雲水さんが来ればご飯をさしあげたりするほか、男僧の手に余る針仕事などを引き受けたり、大きな行事のあるときは手伝いにも出かけ、用事のないときも私と庵主さんは坐禅のために毎日通っていました。本来、円福寺の坐禅堂には男僧しか入れませんが、当時は水月寺の跡継ぎに限り、参禅することが許されていたのです。私が八幡へ移るにつき、学林の恩師が手紙で、〈これをあえて出世と考えたいと思う。そこでしっかり修行して所期の目的を達しなさい〉と励ましてくれたのも、そのためです。

尼寺しか知らない私にとって、男ばかりの円福寺は初めて見る世界です。常に三十数人の男僧が修行のためにそこで寝起きをともにしていました。修行僧といっても、みな二十代三十代の血気盛んな若者ですが、異性を意識したことのない私の目には、坐禅堂にずらりと居並ぶ男たちも単なる風景のひとつでしかなく、よくいって仏像やお地蔵さんのようにしか映りませんでした。

ところが向こうにとってはそうもいかなかったようです。当時一緒に修行したお坊さんに後年お会いする機会があり、「今でこそ言うけれど、毎晩座布団を抱えて座りにくる二十代の尼さんがうとましくてしかたがなかった」と冗談交じりに言われました。

「といって、来なけりゃ気になるし、来ればまた気になる。あなたの存在がどれほど修行の邪魔になったことか」

私はどんな邪魔をしたのでしょうかと訊き返すと、

「何もしてへん。そやから困る。何かしてくれたらこっちの気もおさまるけど、あなたは知らん顔してるから……。近づきたい、触れてみたい、でも、そんなことしたらピシャッとやられそうで怖いしな」

「それはちょっとも知りませなんだ。ごめんなさい」

そうして互いに笑い合ったものですが、その人のおっしゃるとおり、その頃の私には「ピシャッ」とやりかねないようなところがたしかにありました。それは、自分が女性であるという自覚がないぶん、男の人が抱く女性への関心というものに対してあまりに鈍感だったからで、そしてもちろん、どうしようもなくうぶでもありました。

ひとつ、大事なことに触れておかなければなりません。

水月寺石段から山門をのぞむ

水月寺に入寺してまもない五月十五日、円福寺で大きな法要があり、そこで私はある人と初めて顔を合わせています。その何年かのちに、それこそ私から「ピシャッ」とやられることになる人ですが、もちろんそんなことはまだ誰も知りません。円山蒼谷《まるやまそうこく》老師――そのときは福知山の寺の住職でしたが、いずれは井沢寛洲の跡を継いで円福寺の老師になることが決まっていました。円山蒼谷と私は、それぞれ円福寺の跡継ぎ、水月寺の跡継ぎとして紹介され、挨拶を交わしました。私はただ、「次の老師さん」として記憶に留めたのみですが、思えばそこからすべてが始まっていました。

さて、参禅のほうは、円光尼衆僧堂での修行を途中で放り出して以来、久しぶりの再開です。あのとき、これは「真似事」にすぎないと極めつけた私ですが、それなら円福寺で「ほんもの」の手応えを得られたかといえば、手応えのあるなし以前に、今度はまるで歯が立ちませんでした。日頃親しくしてくださっている井沢寛洲老師も、僧堂では怖くて寄りつけません。一対一で向かい合うと、まるで目の前に大きな岩が立ちはだかっているようでした。

臨済宗の修行には問答というものがあります。師家《しけ》（坐禅の師）から与えられた公案（問題）に対して、全身全霊を傾けて答えを出すというものです。一般に、話の嚙み合わないちぐはぐな会話のことを「まるで禅問答のようだ」と表現するように、公案とはそもそも常識では割りきれない問いかけです。

たとえば、「闇《やみ》の世に啼《な》かぬ鳥の声聞けば、生まれぬ先の父ぞ恋しき」という歌を与えられます。「啼かぬ鳥の声」が聞こえたら、前世の父親がわかる。それが誰だったか会ってこい——師はこう言うのです。

矛盾した問いに答えを出すには、固定観念や偏見に囚われている日頃の自分をとことん否定して、論理の枠を飛び越えなければなりません。そのために坐禅をして精神統一をはかり、あるいは作務《さむ》や托鉢をしながら間断なくその公案と格闘し、命がけで考え抜きます。極限まで追いつめられたとき、ふと限界が取り払われ、理屈では出るはずのない答えが出る——といっても、正解があるわけではありません。

「啼かぬ鳥の声」が「聞こえた」といえば、すぐさま「どういう声で」と問い返されます。次に何を言うべきか、頭でわかっても、なかなか即答できません。仮にうまく言葉にできても、そもそも頭からひねり出したものではねつけられます。重要なのは、どうやってその答えに辿りついたのかという過程であって、何かを体得できたと師に認められるまで何度も繰り返されます。

禅問答が、新たな境地を切りひらくための精神の真剣勝負であるとするなら、すでによく知られた公案の出題意図を知識として持ち、その上で当意即妙に答えることができたとして、そこに何の意味がありましょう。身体全体で感得できないまま鳥の声を出してみても、とうてい前世の父のことなどわかるはずもありません。

私には啼かぬ鳥の声がどうにも聞こえてこないのですから、まだいけません。きっと死ぬまで聞こえないでしょう。

ともあれ、参禅は水月寺に籍をおいた八年間続けましたが、これぱかりは、お習字の免状を取るようなわけにはいきませんでした。

醜聞

高源寺を飛び出したあと、私はそれまで親しかったほとんどの人と断絶状態にありました。

師匠が事実をどれだけねじまげ、どれだけ私の悪口を言おうと構わない。けれども、それについて自分の口から弁解してまわるようなことだけはしたくなかったのです。もし弁解するとしたら、小学校卒業の頃の話にまで遡らなければなりませんが、そうまでして、まわりの理解を求めるつもりは毛頭ありません。公の場で師匠を批判する弟子の姿は見苦しいだけです。そんな泥仕合を演じるのは私の沽券《こけん》が許しませんでした。

私は沈黙を守り、いきおい多くの友や知人と疎遠になっていきましたが、本人はそんなことにも気づかないほど、目の前に開けてゆく世界についていくので忙しかったのです。過去にこだわっている暇はありませんでした。

水月寺に来てから、私は正師範の資格を活かしてお習字を教え始めました。生徒が五十人ほどあり、月謝がひとり百円でした。

学林以来のことですが、托鉢にも励みました。こちらのほうは米が五升も集まれば、五百円で売れました。

私の人生で変わらないのは、どこへ行っても不思議とよく「儲ける」ということです。庵主さんはこの新しい稼ぎ手を、どれほど頼もしく思っていたかわかりません。

托鉢を始めたのにはきっかけがあります。

入寺した翌月、私は寺の二階で箱にしまわれたひとつの御木像を見つけました。調べると、この水月寺を開かれた円純《えんじゅん》さまの像であることがわかったのです。あと五年足らずで水月寺開山からちょうど百年という時期でもあり、記念に円純さまの入られるお堂を建てて、百年目の年に授戒を行なうことが早速決まりました。さて資金をどうするか、ということになり、私は喜んで托鉢に出ることを申し出たのです。托鉢の目的を信者さんたちに説明すると、誰もが積極的に協力してくれました。

新しい環境のもと、見るもの聞くものすべてを夢中で吸収しているうちに、水月寺での四年間が過ぎました。自由と刺激を享受しながらも、かつてないほど平穏無事な日々でした。

すべてが砕けたのは五年目のことで、またぞろ私は、この寺をいつ飛び出そうかということばかりを考えるようになるのです。高源寺から水月寺に移ってきたことは、ひとつの葛藤の終わりであると同時に、本格的な波瀾の始まりでした。

昭和二十九年。私にとってそれは劇的な年でした。

水月寺開山百年にあたり、その年の三月末に三日間の授戒が行なわれることが五年も前から決まっていました。

前年から本格的な準備が始まり、いよいよ年が明けた一月七日のことです。

その日の天気は雪。もし晴れていたら、事態はまた別のものになっていたかもしれません。

私と庵主さんは寄付集めのため、八幡まで出かけていました。

夕方から大雪となり、自転車で来ていた私を心配して、八幡の小梅さんが——私のことをかわいがってくださった信者さんのひとりです——泊まっていくようにと強く勧めました。しかし、三月の授戒を控え、多忙を極《きわ》めていた私はそれを断わり、自転車を預けて庵主さんと雪の中を歩いて帰ったのです。

その晩、庵主さんの隣で眠っていた私は、「トントン、トントン」と誰かが表の戸を叩く音で目を覚ましました。時間は覚えていませんが、深夜です。いったいこんな夜更けに誰が？　訝《いぶか》しみながら半身を起こすと、やはり物音に気づいた庵主さんは、やけに落ちついた調子で「ほっときよし」と言うのです。ほっときよし——。見当がついているような言い方に聞こえ、よく訪ねてくる信者さんの顔をひとりずつ思い浮かべました。「＊＊さん？」と名前をあげてみると、庵主さんも「そやろ」とそっけなく答えます。そのときふとひらめいて、私は「あッ」と声をあげました。

「その人、庵主さん一人やと思うてはんのやわ」

「何でどす？」

「自転車あらへんやろ」

その頃、八幡まで出かけるとき、私はいつも自転車に乗っていました。

「自転車がないから若はんは外におる、そう思ってるのや。ふたりとも留守なら錠は外からかかっているはずやけど、今日は錠が中からかかってる。だから庵主さん一人で眠ってはると、こう考えたのや」

そこまで言っておきながら、私は自分の言葉の意味も深く考えず、すぐに襲ってきた睡魔に身をまかせて、そのままうつらうつら眠ってしまったのです。

どれくらい経《た》ったのか、枕元でひんやりした空気が動くのを感じて、私はパッと目を開けました。障子がすーっと開き、外の風とともに何かが入ってくる気配《けはい》がします。その「気配」が私をまたいで庵主さんの向こう側に横になったのがわかりました。庵主さんは眠っているのかそのフリなのか、身じろぎひとつしません。

私は恐怖心から息を呑んでじっとしていましたが、静まりかえっていた「気配」がふたたび動き始めたとたん、

「ドロボーッ」

と叫び、気がつくと男の袖をパッとつかんでいたのです。と同時に男が跳ね起き、その拍子にピリピリッと布の裂ける音がしました。何者かが脱兎のごとく逃げ去ったあと、私の手には、大島の羽織の袖と着物の袖と長襦袢《ながじゆばん》の袖が、三つ重なって残っていました。

庵主さんは黙ったままでした。

半時間ほどして、小梅さんから電話がありました。袖が片方しかない＊＊さんが裸足で八幡の「大将」のところに乗り込んで、「若を水月から放り出してくれなんだら、わしの胸がおさまらん」とすごい剣幕でまくしたてているというのです。

ちなみに、八幡の「大将」とは、大阪は堂島で鳴らした往年の相場師で、今はつれあいの小梅さんと悠悠自適の暮らしを送る身です。ふたりの間には子供がないため、私は娘のように大事にされ、私もふたりを親がわりのように思って慕っていました。

小梅さんの話から、片袖のないその人が、「授戒の寄付のお金を届けに行ったら、何が気に入らんのか、若がわしの横っ面を殴って、このとおり袖を千切りおった」と説明していることを知りました。

「あんた何やったんえ」

小梅さんは心配と悲しみと苛立ちの入り混じったような声を出しています。

「ともあれ、大将がこっちへ来るようにと言うてはんのや」

わかりましたと私は答え、千切れた袖を持って八幡へ出向きました。午前二時をまわっていました。

小梅さんも大将も、＊＊さんの自己弁護をそのまま鵜呑みにすることなく、すべてを察しているようすでした。

「そやから今夜泊まり言うたんやで」

小梅さんは私を労《いた》わるように言うと、「＊＊さんもええ年して格好悪い。庵主さんも庵主さんや……」と、ひとしきり嘆きました。

それからのやりとりは、哀しいといえば哀しく、滑稽といえばこれ以上ないほどに滑稽でした。そのままの格好で家に帰るわけにもいかない＊＊さんは、豆腐屋のヨネジさんのところにひとまず身を寄せ、私は袖を持ってすぐ向かいの仕立て屋に走りました。

いくらこの手の話にうとい私でも、今に始まった問題ではないということくらいは察しがつき、＊＊さんが日頃からよくしてくれるいい人だっただけに、なんともいえないやりきれなさを覚えました。

いっぽう、庵主さんの、決して人をそらさないというあの性質が、まちがいの誘因となりかねないことを、苦々しい気持ちでふりかえらずにもいられませんでした。人間的といえば人間的、しかし尼僧としてはおおらかすぎる庵主さんの行状が、水月寺を支える立場にある関係者の間でこれまでもひそかに問題視されてきたということを、私はこの事件を通してはっきりと知ったのです。

思えば、円福寺の井沢寛洲老師が私の後見人となってくださった背景にも、きっとこの問題があったのでしょう。跡継ぎを守りたて、陰ながら支え、これを機に庵主さんには行ないを正してもらい、スキャンダルの囁《ささや》かれる水月寺を一日も早く安泰にもっていきたいとする円福寺側の配慮が、何も知らない私の上に働いていたことは今や想像に難くありません。

それから四日ほど経ち、事件の処理をめぐる話し合いのためふたたび八幡へ出かけた帰り道、私は庵主さんにあらためて事実を確認しました。

よりによって、授戒を目の前に発覚したスキャンダル。そのタイミングが私には意味ありげに思えてなりませんでした。というのも、授戒とは、師が「戒め」をさずけ、信者はそれをしっかり守っていきますと誓う儀式なのです。授戒を務めるその前に、庵主さんが今ここで懺悔《ざんげ》しなければ大変なことになる——私はなかば本気で、なかば脅しで庵主さんにそう迫り、「＊＊さんとの関係は本当ですか」と詰問しました。

「あなたに何度打ち明けようと思ったかわからない。まさかこんなことになるとは夢にも思っていなかったのやけど……」

そう言うと、雪の山道にへたへたと座り込みました。

「ほんまどすのや。堪忍してください」

庵主さんが雪の上に手をついて謝るとは意想外でした。「なんやそれくらい」と居直るかと思っていた私は、拍子抜けしてよけいに虚《むな》しくなり、ひとこと「わかった」と言うしかありませんでした。

授戒が終わったら庵主さんは私に住職を譲ることが決まっていましたが、私は小梅さんに「跡なんて継ぎたくない。水月さんを出る。もう授戒もやめる」と本心をぶちまけて泣きました。

「そんなこと言うたって、授戒のために何年もかけて資金を積み立てて、予算を組んで普請をして、もうお稚児《ちご》さんまで手配してあるのやから……。住職いややったらせんでもええさかい、ともあれ授戒までは辛抱してな」

そんなふうになだめてくれる人がいたのは、ひとつの救いでした。

後日、檀家総代をはじめとする関係者と当事者が協議のうえ、＊＊さんが水月寺に寄付という名目で土地の一部を譲ることで決着をつけ、事件は闇に葬り去られました。

最初の出奔

水月寺がスキャンダルの処理でもめているちょうどその頃、円福寺も揺れていました。

跡継ぎに内定していた円山蒼谷のもとに、国泰寺の管長を引き受けてほしいという話が舞い込んだことから臆測が飛び交い、話がこじれたのです。円福寺の後任問題がここに浮上し、もめているうちに井沢寛洲老師がお倒れになり、一月十二日に入院されました。

二月二日、井沢寛洲老師遷化《せんげ》。

私は自分の身にふりかかる火の粉を払うのに必死で、お見舞いに行くこともかなわないまま時間が過ぎ、やっと病院に駆けつけたのが二月二日でした。老師はまるで私が来るのを待っていてくださったかのように、目の前で亡くなっていかれたのです。

水月寺百年の授戒をいちばん楽しみにしていらした方でした。

そして、水月寺の跡継ぎとしての私に、いちばん期待を寄せてくださった方でもありました。

私をもらったことで、庵主さんの行状もあらたまるだろうとみんなが思い、誰よりもそれを願った井沢寛洲老師がこの世を去り、庵主さんの不品行もあかるみに出てしまった今、私が水月寺にいる意味はなくなったのです。

三月二十八日から三日間続いた授戒は、厳《おごそ》かに、かつ盛大に営まれ、無事終わりました。

大水が引いたようにみんなが帰っていったあと、授戒のために新しく建てた書院は急に寂《さび》れて見え、私はその脇に佇む大きなソメイヨシノにあらためて目を奪われていました。無心に、絶え間なく花びらを散らしているソメイヨシノを眺めながら、私はひとしきり泣きました。この桜をもう二度と見ることはない——出奔を心に決めた私はそう思って、また泣きました。

なんのために授戒をやったんだろう。なんのためにあれだけ一所懸命準備したんだろう。何年もの間、毎日毎日、喜び勇んで托鉢した私はいったいなんだったんだろう。

私の知らないところで、庵主さんはいったい何をしていたの？

胸のうちに渦巻いている庵主さんへの嫌悪感はどうにもなりませんでした。スキャンダルの当事者である庵主さんが、「授戒をご立派に務められ、お見事」ということで、本山から褒章を授かったと知れば、怒りさえ湧いてきます。

こうなったら、死んだってここの住職になぞなるものか。一刻も早く出ていこう。もう、それればかりを考えていました。


五月一日、井沢寛洲老師亡き跡を継いで、円山蒼谷老師が円福寺副住職として仮入寺されました。私も表向きはじきに水月寺の住職となる身ですから、本来は老師の仮入山式に出席するのが筋ですが、庵主さんへの怒りと失望、これからの出奔のことで頭がいっぱいで、顰蹙《ひんしゅく》をかうのも承知でそれをすっぽかしました。もはや人の思惑など、気にする余裕はありませんでした。

五月五日。五年前の今日、ここへもらわれて来たことを思い出し、托鉢のいでたちに身を包んで庵主さんに宣言しました。

「これから出奔します」

「そんなことされたら高源寺の師匠に合わせる顔がない」と言ってうろたえている庵主さんに、「安心してください。死んだって高源寺に帰るつもりはありませんから」

と言い捨てて水月寺を出ました。

あてつけや衝動からではありません。大変な決心でした。

もうここにはいたくないというのは本当です。それなのに、いざとなると自分でも不思議なほど去りがたいのです。自分から望んで出ていくというのに、まるで自分のほうが置き去りにされたように哀しくて、身を切られるような思いで飛び出したのです。

庵主さんは、足袋裸足《たびはだし》で山の上まで追いかけてきて泣き叫びました。

「私も連れてって」

連れてってとは、変な話です。

「あほかいな、ほんまに。庵主さんがいやだから出ていくのに」

心の中で毒づいて、追いすがる庵主さんをふりほどきました。

スキャンダル発覚と、それに続く井沢寛洲老師の遷化。水月寺と円福寺の上に同時にふりかかった後任問題。そして出奔——。これだけのことが相次いで起こった昭和二十九年、それが奇《く》しくも水月寺百年の授戒の年だということに驚きを覚えます。

水月寺を出た私は托鉢をしながら歩き続けました。四国へ行くつもりだったのです。

いつのまにか、枚方《ひらかた》まで辿りつき、学林時代に親しかった友達のところに足が向いていました。還俗《げんぞく》して看護婦となり、八畳一間の寮で三歳の娘と暮らしているその友達は、ふいに訪ねてきた私のために寝床をつくってくれました。私は托鉢のお金とお米を彼女に渡し、敷いてもらった布団に倒れ込むようにして横たわるや、それきり三日間、昼夜の区別なく眠り続けました。食べ物も枕元まで運んでもらうほど、くたびれきっていました。

ふと、どこからか、

（だめだぞ、戻れ。借金をつくったまま逃げ出すつもりか）

と、諭《さと》すような声が聞こえ、私は夢にうなされながら、

（そうだ、長幸《ながこう》のおじちゃん、おばちゃんにお金を返さずに出奔したら一生合わせる顔がない、帰らなければ……）

と、思い続けていました。

「長幸のおじちゃん、おばちゃん」とは、大阪の中央市場で野菜の卸売業を営むご夫婦のことで、奥さんが八幡ッ子でした。水月寺に電話をひくのから部屋を直すのから、全部面倒を見てくださった信者さんで、跡継ぎである私に肩入れして、授戒のためにまとまった額を用立ててくださったのです。ふたりを裏切るような真似は絶対にしたくありませんでした。

出奔の四日目、例のごとく、思い立ったが早いか水月寺に帰りました。とはいえ、一度は足蹴《あしげ》にして出て行った場所。数段しかない石段が自力では登りきれないと思うほど、高くそびえたっているように見えました。意を決して玄関まで行くと、庵主さんは留守らしく、戸に錠がかかっています。裏から入り、布団を敷いて寝ているところへ庵主さんが戻ってきました。

「あれまあ祖潤さん、帰っておいんのか」

「大阪で借りた借金の残りが二十八万円あるさかい、それを返してからや」

お互いあれだけの愁嘆場《しゅうたんば》を演じておきながら、「帰っておいんの」のひとことで元通り——。何年も一緒に暮らした親子関係とは不思議なものです。

借金を返し終えるのに三年ほどかかりましたが、返済の目途《めど》が立ってきた頃、ここにいたら一生托鉢しないと生活ができないということが初めて見えてきました。

これまでは部屋住みの身で、得た収入を庵主さんに渡したあとの細かいことは心配をしないですみました。逆に、住職になるということは、先住職となる庵主さんにお手当てを払い、この寺の全体の収支を把握した上で切り盛りするということです。年がいってからもお習字を教え、托鉢に行き、すべて自分ひとりで背負って経済をまわしていけるか、いけないか――。

私はひとりごちました。

もうあかん、借金返し終えたらグッドバイせにゃ。

男と女

私が四日間の出奔から戻ってまもなくのことです。

庵主さん宛てに妙な手紙が届きました。「祖潤、こんなのが来たさかい」と渡された手紙の文字は女手の達筆です。庵主さんは字があまりお上手ではなかったので、よく私に代筆を頼みました。

「適当に、『そんなことあらしまへん』言うて返事を出しといてや」

早速読んでみると、驚いたことに、円福寺の新しい老師と水月寺の庵主さんの仲を質《ただ》す文章が綿々と綴られていました。どうやら、老師の入寺祝いに水月寺から上等な布団を差し上げたことが、あらぬ噂となって差出人の耳に届いたようなのですが、庵主さんはあきれてとりあわず、私にその返事をまかせたのです。実際、庵主さんと寝起きをともにしている私の目からみて、手紙が告発する内容はでたらめでした。だいいち、スキャンダル発覚直後のその時期、さすがの庵主さんにもそんな余裕はなかったはずです。

返事を書いて投函したあと、円山蒼谷老師を訪ねました。

「知らない人からうちの庵主さん宛てにこんな手紙が来て、私びっくりです。老大師はこの手紙の主にお心当たりがおありですか」

目を通すと、老師は悪びれずに言いました。

「そうか。〝芳村〟はもうちょっと賢いと思うていたけど、しょせんそこらへんにころがっている女やったか」

「お知り合いですか？　きれいな字を書きはりますね」

「それはもう、思慮深く、教養のあるいい女でわしも大事に思うていたけどな……」

いったい誰なんですかと問い質すと、

「ああ、わしが十八年一緒に暮らした女や」

あまりにあっさり認めるので、私は気色ばみました。

「不潔やわあ。独身言うたはったのに、女の人と暮らしてはったんですか」

おかしいのは「不潔やわあ」という言葉がその時すぐに口をついて出たことで、三十歳になっていましたが、今の基準でいえば――いえ当時の基準からしても相当なおぼこ娘です。

老師は「あなたには、嘘はつけない」と静かに笑いました。

老師は円福寺で修行していた若い頃、四つ年上の芳村さんと知り合いになられたそうです。

芳村さんは、公務員だった夫が満州で行方不明になったあと、国からいくばくかの手当てを受け、お茶とお花とお琴と三味線のお師匠さんをしながら枚方で暮らしていました。当時円福寺には百人からの雲水がいて、彼らが修行の合間に一服するため寄ったのが、お茶をふるまってくれる芳村さんのところで、円山蒼谷もそこに出入りしていた雲水のひとりです。

芳村さんには三歳くらいの息子の剛志くんがいて、その子が蒼谷にとくによくなつき、蒼谷もまた彼を誰よりもかわいがっていましたが、年月が流れ、蒼谷の修行もほぼできあがり、別れの日がやってきます。ところが、住職として福知山の寺に行くことになるにつき、十一歳くらいになっていたその男の子が、「おとうちゃんについていく」と言って蒼谷のあとを追ってしまったのです。息子を心配して、今度は母親があとを追います。出会った頃から蒼谷に好意を抱いていた芳村さんは、ついに枚方の家を処分して蒼谷のもとに住みついたというのです。

「帰れ、言うても帰らないからしかたないのや」

「帰らない言うて、そのあとは？」

「いおったんや」

「いおった……。関係はなかったんですか？」

「そんなこというたかて、毎日いっしょにおったら、わしも男やさかいな」

入籍はしなかったそうですが、蒼谷を慕う剛志さんとの師弟関係は深まり、蒼谷は彼を愛弟子《まなでし》として大切に育てました。優秀な剛志さんも期待に応えて晴れて京都大学経済学部に合格。せっかく受かったなら、坊主になるより実社会に出てみればいい、と進学を勧めたのは蒼谷で、学資の面倒一切をひきうけたそうです。

芳村さんは芳村さんで、蒼谷の身の回りの世話をして十八年も支えながら、蒼谷が円福寺の老師となることを誰よりも望んでいた人です。そして、いざそのときがきたら、本当に自ら身を引いたのです。老師にさえなってくれたら自分の存在はどうなってもいい。本気でそう思うほど惚れていた――。芳村さんはのちに私と知り合いになってから、そう語りました。

老師はひとつも取り繕うことなく、訊けば何でも答えてくれました。それどころか、たずねもしないことまで教えようとしたほどで、そのたびに「不潔や」「嫌いやわ」という言葉が私の口をついて出ましたが、ありのままを語る老師の言葉は、不思議と不快な印象を残さなかったのです。

九歳で尼になった私は、男と女の話をそこまでおおっぴらに語る人に会ったことがありませんでした。なんであれ、タブー視されればされるほど知りたくなるのが人間というもの。私の中にも当然育っていた、知らない世界を覗き見たいという好奇心から、私は老師の話に耳を傾けたのだと思います。

また、老師にすれば、スキャンダルに端を発した私の出奔事件のことも含め、二十五歳も年下の私があまりにおぼつかなく見えたことでしょう。自分がこの子に世間のことを教えてやらねば、この先また、どんなにつらい思いをするかわからない。そう心配して、ことあるごとに「恋と愛とは違う」とか、「この世の男とはそういうものやから、あなたも気をつけなあかん」とか、複雑な男心、女心を一所懸命語って聞かせるのです。

そのあけすけなものいいは、ある種の話題については口をつぐむことしか知らない多くの尼僧たちに較べていっそ小気味よく、私は安心して、ときにずけずけと、知りたいことをたずねました。どうやら老師は私のことを案じるあまり、率直にならざるを得ないのだということもわかってきて、きっと私はその頃から少しずつ老師を信頼するようになったのでしょう。

二度目の出奔

授戒の翌年の三月、円光尼衆僧堂でいっしょに修行した三つ年下の尼僧が私を頼って水月寺を訪ねてきました。

仮に、お仙ちゃんとしておきましょう。

恋愛問題を起こして寺を飛び出したお仙ちゃんは、「修行をし直したいからおいてほしい」と言うのです。過去に何があろうと、ここで立ち直れるのならばそれでいいと私は思い、ひきとることに決めましたが、そこからがまたひと波瀾でした。

お仙ちゃんは病身の妹を連れていて、その子はいつも二階で寝ていました。これまで私が托鉢やお習字で留守の間、自由にふるまっていた庵主さんにとって、ひとりの時間が持てない暮らしは窮屈このうえなかったのでしょう。私への世話焼きは相変わらずなのに、お仙ちゃんたちをあからさまに差別して、なにかとつらく当たるのです。

見ているこちらがいたたまれなくなるほどでした。

「いくらあんさんのお友達でも、あの人たちは居候《いそうろう》どす」

庵主さんの苛立ちもわからなくはありませんが、私にも言い分がありました。住職を継いでほしいと本気で望むのなら、そのくらいは私の自由にさせてほしい。例の事件のあと、何もなかったかのようにあなたが安泰でいられるのは誰のおかげなのか――。


お盆を過ぎた頃でした。

午前中の托鉢から戻ると、二階がきれいに片付いていています。お仙ちゃんたちの姿はどこにもなく、あるのは置き手紙がひとつ。

「京都へ行って、比叡山で死ぬ」と書いてあります。

私はこの五カ月を一瞬にしてふりかえり、胸が塞《ふさ》がる思いがしました。やっと頼ってきたのにここにもいられず、元いた寺に戻ることもできず、この世に身の置きどころを失って、ふたりは今どこをさまよっているのか。そう思うと、いてもたってもいられません。

私は小梅さんにお金を借りて、ふたりを探しに京都へ向かいました。あいにくその日は早く日が落ち、心当たりをいくつか探したあと、比叡山の近くまで着いた頃はもう暗くなっていました。

これから比叡山に登っても夜になってしまう——。

真っ暗な山の中をひとりで探すのは無茶だと気づいた私は、ひとまず引き返すことに決めました。

八幡駅に帰り着いたのが十一時。そこにお仙ちゃんがひとり、悄然《しょうぜん》と佇んでいました。私は駆け寄り、「どないした」「で、妹は」と畳みかけるように問い、小梅さんのところに妹を預けてここで私を待っていたことを知りました。

「死のう、思うたけどな、比叡山まで行ったらあんたの声がな、死んだらあかーん言うてる声がな、耳にこびりついてかなへんのや。いつでも死ねるさかい、もういっぺん帰ってきて詫びなあかん思うて……。小梅さんのとこで聞いたら、あんた、もう昼から京都のほうへ探しに行かはった言われたから、ここで待ってたのや」

ホッとして力の抜けていく私に彼女はすがりつき、「頼むで……」と振り絞るような声を出しました。

「どんな辛抱でもするさかい、どこか行く場所を探して水月を出していな!」

それから私は奔走しました。授戒のときに、「どなたかいらしたら、尼さんをひとり世話してください」と私に言った人のことを思い出し、庵主さんに「お仙ちゃんのこととなると血眼《ちまなこ》どすな」と嫌味を言われながらも、八月の下旬、その寺を見に奈良の當麻《たいま》まで出かけました。

暗がりの中、懐中電灯の光をたよりに閂《かんぬき》を動かすと、ガチャンという音がやけに気味悪く響きます。鉄門扉《もんぴ》を押して中へ入ると背の高さほどの雑草に迎えられ、その葉で頬にかすり傷をつくりながら、かきわけ、かきわけ本堂へ。中へ入って目に飛び込んできたのは、蜘蛛《くも》の巣の張りめぐらされた天井、腐った畳、漆喰《しっくい》の剝《は》げ落ちた壁。まるでお化け屋敷のような情景に溜息をつきました。

逃げる者は道を選ばずというけれど、こんな寺へ二人だけおいてはおけない。どこでもいいから水月寺を出たいとあの子は言った。それにしてもこれでは「ほかされた」と思われるのが落ちだ。それなら私がいっしょに付いてきて、この寺をしっかり管理すれば――。

どうせ、出奔の機会をうかがいながら今日まで来た身です。

すべて話をつけて戻ってくると、お仙ちゃんに言いました。

「破《や》れ寺やけど一軒めっけてきたわ。明日ここを出ることにしたさかいにそのつもりでいてや」

翌日、私たちはトラックに荷物を積んで當麻へと発ちました。

庵主さんの、「なんであんさんが行かんなりまへんの。はよう帰ってきとくれやっしゃ」という言葉には耳も貸さず、「はよう帰ってなんてくるもんか」と心のうちで言い返しました。

當麻の総代と話をつけておいたとおり、別の寺で三日間過ごすうちに壁は塗り替えられ、畳や障子はすべて入れ替えられ、破れ寺は見違えるようになっていましたが、お仙ちゃんは案の定、「こんな寺か」と眉を顰《ひそ》めています。

「あんた、ほんとにちゃんとおってくれるねん」

「ちゃんとおるよ」

水月寺を出たいのは私も同じでした。

いっぽう水月寺では、いつまでも帰らない私にしびれを切らして、小梅さん始めいろいろな人を迎えによこしてきます。約束通り、誰が来てもがんとして動きませんでしたが、時間が経つうち、前とはさかさまに、だんだん肩身が狭くなってくるのです。お仙ちゃんは今や住職、今度は私のほうが居候となっていました。

二カ月をとうに過ぎた頃、私を水月に世話した和尚さんがついに説得にあらわれました。「このまま帰らないなら僧籍剝奪《そうせきはくだつ》や」とまで言って迫るので、私はひとまず水月寺へ帰ることになり、お仙ちゃんは「なんであんなところへ帰らならんの」と言って、根負けした私をなじりました。二度目の出奔は中途半端に挫折しました。

そんな私を心配そうに見守っている人がいました。誰に聞いたのか、円山蒼谷老師はその頃から私が當麻との間を行き来しているのをよくご存知でした。

ことの始め

當麻から戻った翌年、思いもかけないことが起こりました。用事で円福寺に行った折り、突然老師が私を抱きしめ、ほっぺたにキスをしたのです。

びっくりした私は反射的に相手のほっぺたを思いきり平手で打ち、その衝撃で老師の入れ歯がすっととびました。怒り心頭に発して「失礼千万な！」と叫んだまでは覚えていますが、あとは何を言ったのやら。

その日をもって私は円福寺に行かなくなりました。坐禅や提唱のために一日最低二往復はしていたのに、ぱったりと。

顔も見るのもいやになるほど私は怒っているのだという、無言のメッセージでした。何に腹を立てていたのかとふりかえると、それは信頼を裏切られたことへの怒りだったのだと思います。

「何があったか知らんけど、いつまで怒っとるのえ。ここにおったら円福寺に行かずに暮らせしまへんで。向こうはあんさんのこと、かわいい言うてはりまっせ。もう堪忍しておあげやす」

苦笑を漏らしつつ私をなだめるように言う庵主さんの言葉さえ、私には癪《しゃく》に障ります。

「ほっといてッ。堪忍するわけにいかんのやさかい」

冷戦状態がそのまま八カ月も続き、とうとう年が明けました。

お正月は例年、元日の朝こちらから年頭のご挨拶にうかがい、四日には向こうから来てくださるというのがしきたりです。「私は行かへん」とごねているうちに午前中が過ぎ、やむなく私を残してひとり出向いた庵主さんに老師は言いました。

「宗清さんはどうしてますか」

老師は「祖潤」より言いやすいといって、得度後の戸籍名である「宗清」を好んで使っていました。

「年頭に行くのいやや言うてます」

「今日、来ませんか」

「知りません。老大師、何なさったんですか、うちの祖潤に」

「ちょっと失礼なことをしましてな。あなたなら受け流してくれるやろうけど、あの子には通じませなんだ」

「失礼って、どんな」

「ちょっとキスしたらな、入れ歯が飛ぶほど叩かれて、えらい目に遭いましたわ」

「そりゃ、そんなことなさったら祖潤、来いしませんわ。老大師、一生嫌われまっせ」

「いやそのうちにちゃんと来るようになります。綱引きしてるつもりで待ってます」

円福寺から戻った庵主さんは、早速その言葉を私に伝え、こう言いました。

「あんさんのこと、とても気にしてはったえ。で、どうするのや。行くのか行かへんのか。老大師、今日来いひんのやったら今年一年来ていらんまで言うてはったよ」

立場上、一生会わずにすますわけにはいかない相手です。考えた末、円福寺に向かいました。

「また、よう長いこと怒ってたなあ。いつまで怒ってるじゃろうと思ってな」

向こうはさすがに大人でした。八カ月も費やした沈黙の抗議が自分でも少しあほらしくなってきます。

「どうや、ほっぺたは治ったかいな」

「はい、治りました」

「ほんなら、反対側のほっぺたにもういっぺんしてやろかな」

「失礼やわ」

「ほんとはもういっぺん抱きしめてほしいと思ってんのちゃうか」

「そういや、そうかもわからん」

老師の軽口にこちらも冗談で返して笑い合いながら、まるきり冗談でもないような気がしてきました。八カ月の間、もう一回ああいう機会があったらどうするだろうかと、何度か想像してみたことがあったのです。怒っているくせにそんなことを考えていたとは、なんとも不思議な心理に陥《おちい》ったものです。

「まあ、ほんなら今年は仲良うしましょう。もう失礼なことは絶対にしませんから」

あっさり仲直りすると、「あなたは生娘《きむすめ》やな」と老師は言いました。「なんですか、それは」と訊ねると、「八百屋お七や」。ますます意味不明のことを言い出すので、私は首をかしげました。

「好きな男に会いたくば、火をつけてでも思いを遂げようとする女のことや。いや、清姫かな。逃げる安珍を蛇になってでも追っかけて、安珍が隠れた鐘の上から取り巻いてでも会いたがるのやで。せやから生娘には手をつけるないうのは昔から鉄則や。うっかりあなたに何かしようものなら、わしは殺されるほどの目に遭わされるやもしれんから、怖くてもう」

なにをいってるのか私にはさっぱりですが、要は「だから変な真似はもうしない」「安心してほしい」と言いたいのだということは、じゅうぶんに伝わってきました。さらに老師は彼独特の言いまわしで男一般の身勝手さをわざと語って聞かせ、私に注意を促すのです。そうして自分の誠実さを一所懸命私にアピールしようとしているのだと思うと、なんだかおかしくてなりませんでした。

分かれ道

お仙ちゃんから電話で呼び出されたのは、その年の六月のことです。異性問題でつまずいて、立ち直るために水月寺を頼ってきた彼女でしたが、今は當麻の寺に落ち着き場所を見つけたはずでした。ところが、歌舞伎の『玄冶店《げんやだな》』の一幕ではありませんが、過去に問題を起こした相手の男が彼女の居場所を探しあて、乗り込んできたというのです。

世間には弟だと言ってごまかしたものの、檀家のKさんは今も疑っている。「祖潤さんに聞けばすべてわかる」「祖潤さんを呼んでくれ」と言って聞かないから、どうか手を貸してほしい――。

電話でそこまでの事情を説明し終えると、彼女は懇願するように言いました。「私の話がほんとやと証言して。お願い、助けて」

「當麻、當麻って、いったい何の用事があるのや」

老師は、「これまで口出しせずに見守っていたが、今日こそは言わせてもらう」とでも言いたげな勢いで私に詰め寄りました。おおかた、庵主さんから聞き出したのでしょう、私がこれまで當麻を往復した回数や日数までご存知で、よくそこまで他人のことを気にして覚えていられるものだと、感心するほどでした。

友達が窮地に立たされているから行くのだと言って、事情をかいつまんで説明すると、老師の顔が曇りました。

「その問題はもう放っておきなさい。あなたの出る幕じゃない」

なぜそんなことを言われなければならないのかと、不服顔の私にかまわず老師は続けます。

「寺を世話するところまで手伝ったんやさかい、もういいじゃないか。向こうが恋の火遊びやってるときにな、あなたみたいな唐変木が行ってどうする」

「Kさんの手前困っているから助けてほしい、言うてます。心配だから行ってみます」

「これで最後にしてくれるなら行ってもいい。今後も行くというのならわしと絶交してくれ」

「友達の問題と老大師と、なんの関係があるんですか」

そこまで言われる筋合いはないという気持ちと、どうしてそこまで言うのだろうという疑問が錯綜《さくそう》しました。

「あなたの考えでは及ばない話や。お仙ちゃんはKさんという人とも仲良うなってるんだよ」

「どうして老大師にそんなことがわかるんですか。ともあれ、話をつけてきます」

「ほんなら、いつ帰ってきますか」

「一週間したらちゃんと帰りますから」

「じゃあ、十日ですね、ありがとう。そしたらな、あなたが帰ってくる日は洞ヶ峠《ほらがとうげ》の石の上でずっと待ってるさかい、ちゃんと帰っておいでや。ほな、約束したよ」

そんな約束は、すっかり忘れていました。

数日を當麻で過ごし、ふと思い出して「今日、何日や」とお仙ちゃんに訊いたのが十日でした。もう、夜の八時を過ぎていました。「これから帰る」とあわてて立ち上がった私に驚いて、お仙ちゃんは当然引き留めようとします。

「あしたにしたらどないや。これから帰ったら着くのは十二時やで」

「いや、実は約束したのや」

「何を?」「誰と?」と訊かれるままに、洞ヶ峠の約束の話をすると、「そんなことを信じてるのか」とあきれられました。

「海千山千の老師にからかわれてるだけや、時間も決めずに待ってるはずないやないの。そんなの真に受けるなんて、あほかいな」

そういえば私は、老師からも「あなたは馬鹿じゃな」とあきれられ、「あなたの手に負える相手じゃないのやからよしなさい」と引き留められながらもここへ来たのです。

どっちが真実か。私は急に試してみたくなりました。

身近な人の背信行為が相次いで、私はいくらか虚無主義に陥りかけていました。高源寺の師匠に抱いた不信感はすでに決定的なものとなり、水月寺の師匠も私に隠し事をしたまま平然と暮らしていた。そしてお仙ちゃんも——。

お仙ちゃんを責める気持ちはひとつもないのに、人はどうして、自分の言葉を自分で裏切るようなふるまいをするんだろう。ただ、それだけが私を憂鬱にさせていました。

老師はお仙ちゃんのことを、そしてお仙ちゃんは老師のことを「真に受けるな」と言います。

「私、なんだかな、世の中に本当のことなんてひとつもないような気がしてくるのや。

老師のことかて信用してへんけどな、今夜、洞ヶ峠へ行ってみたらわかんねん。老師が私を好きやとか嫌いやとか言うてはるのはほんまか嘘か、そんなことはどっちでもいいと思うていたけどな、ちょっと確かめてみたくなった。そのためにもこれから帰らな」

心配して駅まで送ってくれたお仙ちゃんに「嘘かまことか、今さらどっちに転ぼうと気にしない」と言い残して、當麻を発ちました。

八幡の駅に降り立ったのが十一時半。預けてあった自転車に飛び乗って五キロの道をひた走りました。途中、左へ行くと洞ヶ峠、右へ行くと水月寺と、道が二手に分かれる三叉路にさしかかり、はたと迷いました。もうほとんど十二時です。洞ヶ峠に着く頃は日付が変わっていることでしょう。どっちにしよう――。

いなくてもともとや。いやはらなんだらぐるりとまわって水月寺に帰ればいい。少し遠回りになるだけのことや！

洞ヶ峠が見えてきたとき、石の上で坐禅を組んでいる老師を見つけて私はどれほどびっくりしたかしれません。

私に気づいた老師は自分の目を疑うような素っ頓狂な表情を浮かべていましたが、

きっと私もそんな顔をしていたことでしょう。

「よう帰ってきたなぁ」

「お待たせしてごめんなさい……」

突然、名づけようのないさまざまな感情が一気に噴き出してきました。

「ああ、待っていてよかった、わしはな……」と話し始めた老師の声を聞きながら、思いもよらないことに、私はオンオン泣いていました。

「大の男が二十五も年下の尼さんと約束したがために、蚊に食われながら坐禅組んで待ってる自分の姿につくづくあきれたけどな、それほどあなたのことが大事なのやと思い知らされた一日やった」

本当に待っていてくださった！　私はもう抑制もきかず、子供のように泣きじゃくっています。

「十二時まで、いや一時まで待とう。こなけりゃそれまでや。あなたのことはもう知らん、私との約束を反故にしたのやから当然や。そう言ってやろう思うてな。でも、そのためには、わしがここで待っていたということを証明してくれる人が必要やろ。わしがなんぼ待っていたと口で言うても、あなたは本気にせえへん。せやから、あなたが帰ってきてくれて、わしのほうこそどんなに嬉しいか」

世の中に本当のことなんてひとつもない、すべてが嘘でできている——。さっきまで自分にそう言い聞かせて、心を鎧《よろい》で固めていたことも忘れ、私は老師の前に素のままの自分をさらしながら、ただ無防備に立ち尽くしていました。

「で、向こうの状況はどうでしたか」

「はい、二人共元気でした」

老師は破顔一笑されました。

「わしの部屋へ行ってトマト食べるか？　井戸水で冷やしてやろう」

老師は私の自転車の荷台にくくりつけてあるトマトを見てそう言うと、歩き出しました。お仙ちゃんが持たせてくれたものです。

「もう遅いからな、泊まっていかへんか」

時計を見ると、十二時をとうにまわっています。私は驚くほど素直に、はいと答えていました。

「よしわかった」

老師はトマトを冷やしている間に蚊帳《かや》を吊り、部屋のふすまやガラス戸を全部開け放して、二つふとんをしいてくれました。

「明日の朝帰ったら、老師のところへ泊まりましたとはっきり宣言しなさい。隠せばかえって人は勘ぐるものや。泊まったと聞いて、それを人がどう思おうと勝手に思わしとけばいい。真実はあなた自身がいちばんようわかっているのやから」

くたびれきっていた私は、枕に頭をつけたとたんに睡魔に襲われました。老師の話はまだ続いていています。

ああ、人が見たら老いらくの恋といって笑うじゃろう。五十八にもなって、二十五も年下の尼さんを隣に寝かせて……。

いくら好きやと思うていても、あなたを妻に迎える覚悟がなければ、決して一線を踏みはずすつもりはない。その決心がつかない限りは、いつかあなたのほうからわしにしがみついてくるようなことが起こっても、わしは突き放すよ。ええな……。

わしの言うことがわかるか……。

そのほとんどを夢うつつのうちに聞き、私は深い眠りに落ちました。

恋情

木魚の音でふわっと目を開けました。枕元には、梅干《うめぼし》の入ったおかゆと「これを食べたら挨拶せんと帰りなさい」と書いた紙切れが置いてあります。私はおかゆをいただいたあと、今思えば失礼千万、蚊帳も布団もそのままに、トマトの残りを荷台にくくりつけて水月寺に帰りました。

水月寺の庵主さんの反応は予想通りでした。

「ようそんなことしはりますな、臆面もなく」

「何もしてへんえ」

「してへん言うたかて、同じ部屋で」

今さら庵主さんにどう思われようと、気にはしません。それより私は、自分の中の変化に戸惑っていました。

水月寺へ来てすぐの五月十五日に、次の老師として円山蒼谷を紹介されてから、八年の歳月が流れていました。老師は最初から私のことを気にかけていたそうですが、私はずっと無意識で過ごしてきたのです。老師の気持ちをはっきりと知ったのは、八年も経ってからのことで、自分自身もいつの頃からか同じように思っているのだということを、あの日、私は突然覚《さと》ったのです。

洞ヶ峠の一件以来、毎晩のように老師に呼ばれて部屋でおしゃべりする日が続きました。そして時間がくると、ろうそくを持った老師に送られ、竹藪の道をいっしょに歩いて水月寺に帰ってきます。

以前から、行けば必ずお菓子をくださるので、半分それが目当てで老師の部屋に立ち寄ることはありましたが、そのときとは気持ちが違います。「おやつください」と顔を出し、「少ししゃべっていきなさい」と言われても、「忙しくてしゃべってられへん。お菓子だけもろたらええで」などと平気で何でも言えたのに、あの無邪気さはもうどこにもありません。意識し始めてからは、だんだん思うように話せなくなり、逆に、反発ばかりしていた私が老師の言うことなら何でも素直にきくようになりました。身なりにかまわなかった野生の子の私が、襦袢の衿をこまめに洗い、衣は畳んで寝押しをし、ハンカチにはアイロンを当てるようになったのも、すべて老師のひとことからです。

心を囚われていました。尼僧としてあるまじきことに。

他人のことを「不潔やわあ」と言っているうちはまだよかったと、つくづく思いました。言われる側の心理状態にどんどん追いこまれていく自分が怖い。いやだと思っていたものに、今や自分がなりかかっている――。

「しのぶれど色に出にけり」で、これはいけないと自分で気がついたときはもう遅く、私の大変身は人の目にも留まり始めていました。

ヨネジさんの奥さんが真っ先に気づきました。若はんの目がキラキラ輝いて、いつもと表情が全然違うのや。おまけにあの若はんが襦袢も足袋もお衣も、ぴかぴかにしてるなんておかしい思わへん？　それを聞いたヨネジさんに「うちのやつが、いい人できたんちゃうやろか言うてるけど、よもやな」と図星を指されたときは、飛びあがるほど驚きましたが、今さら隠し立てをしてもしかたありません。

「その〃よもや〃や」

「ほんまか？　で、相手は？」

「たぶん、あなたの想像どおりや」

「やっぱりそうか。みんなが言うてたで。あのお気位の高い若が好きになるのやから、あの人やろうと。そんならはよう、深入りせんうちに水月出なあかんな。相手にも迷惑かかるで」

言われるまでもなく、私もそれを考えていました。

過去にもいろいろ噂のあった水月寺です。

「今度の若はんまで……」と人の口の端にのぼらないうちにここを出なければ大変なことになる。借金も返し終えたし、裏切らない人がこの世に最低一人はいるとわかっただけでも幸せなのだから、お互いに泥んこにならないうちに——。

「そうどすか。やっぱりあんさんも女どしたな」
老師を好きになってしまったと打ち明けると、庵主さんは事もなげにそう言いました。そのひとことでかたづけられたら、もう苦しさを語ることもできません。「こっちは命懸けや。あなたのは遊びでしょ、一緒にしないで」という言葉は、もちろん口には出さずにのみこみます。心にどれだけ深い葛藤を抱えていようと、人から見れば私も庵主さんも一つ穴の狢《むじな》。尼僧でありながら異性に心を動かしたことにかわりはなく、どう攻撃されても弁明の余地はありません。

他の人の恋愛が本気か遊びかを極め付ける権利は私にはありませんが、初めて自分が本気で人を好きになってみれば、それは生きるか死ぬかというほどの大問題でした。庵主さんのように陰に隠れて平然とやってのけられるようなものではありません。褥《しとね》をともにしようとしまいと、ひとりの男への執心はあるまじきこと。道を踏み外した者は命に係わるほどの制裁を受けるのです。九歳から厳しく叩きこまれたその観念は、信じる信じないを越え、私の身体にしみついていました。私は激しい恋慕の情と「破戒」という言葉との間で引き裂かれていました。

もはや、誰と会うのも苦痛でした。心の中の変化が自分の顔かたちにも現れて、

「あら、どうしたの」「最近変わったね」と言われるだろうことを思うと、もうそれだけで堪えられません。

以前と違ってしまった自分は、以前の世界にはもう留まれない——。荒れ狂う嵐の中に放りこまれた自分を、私はできるだけ人から遠ざけようとしていました。

水月出奔

洞ヶ峠の出来事からほぼひと月経った七月の十七日、私は八幡をあとにしました。洞ヶ峠のあの晩、私と老師は図らずも同時に賭けをしたのです。その大きな賭けに老師は勝ってしまった——。今でも思うのは、老師が待っていなければどうなっていたかということです。いずれにしても私は水月寺を出たでしょう。けれど同じ出るにしても、今度は大変な重荷を負って出なければならなくなったのです。人を好きになったという心の重荷を。

私が水月寺を出ていったことについて、正面切って厳しく批判する人はありませんでした。留まりたくない理由がほかにもいろいろあるということを、みんな言わず語らずのうちに知っていたのです。

若はんが生まれて初めて人を好きになった。いっときでも好きな男のそばを離れたくないだろうに、泥沼に入りこむのがいやや言うて出ていった。そやから、それはそれでもういいやないか。

そんなふうに受けとめてもらえたのはまだしも救いでした。

水月寺を出た私は、高源寺に戻っていました。

一度決めたら撤回しない、前言は翻《ひるがえ》さない、自分の意志で出ていった以上二度と戻らない。そんな気性の私が高源寺に戻ったのは、老師の強い説得があったからです。水月寺を出て、四国へお遍路に行くつもりでしたが、「あなたは高源寺から来た子なのだから、いっぺん師匠に会うて話してみなさい」と諭されました。

師匠には「托鉢がいやになったから」と説明しました。「何を今日までぼけぼけしてたんじゃ」と怒られましたが、驚いたのは「授戒が終わったらさっさと引き揚げればよかったのに、何で帰ってこなかった」という言葉です。「悪事千里を走る」で、水月寺の庵主さんの一件は高源寺にも聞こえ、それでも戻ってこない私のことを焦《じ》れながらも待っていたような口ぶりです。事件後の私の去就をずっと心配していたふうにもとれました。

しかし、私と師匠のことです。平和な時間は長くは続きませんでした。高源寺に戻ったその晩にはもう、円光寺老師の計らいにより、若狭《わかさ》にある相国寺派海見寺へ移ることが決まりました。高源寺に身を寄せたのは若狭へ移るまでの三カ月足らずのことですが、師匠はその間、私宛ての私信を勝手に開封するという、許し難い罪を犯したのです。ふたたび関係はぎくしゃくし、禍根を残したまま私はまた高源寺を出ることになります。

十月二日、海見寺に住職として迎えられました。これ以上のご馳走はないというくらいのご馳走で歓待され、お坊さんが十人も列席してくださった晋山式《しんざんしき》（住職に就任するための式）は大変立派なものでした。

名前のとおり海の見える、静かなこの山寺で、どれほど自分を見つめなおせるかと思いきや、私はしきりにひとりの人を想ってばかりいたのです。

追慕

ひとり暮らしは、三十三歳にして初めての経験でした。

無住だった海見寺には、半紙ひとつ、焚《た》きつけの紙ひとつ、ちりがみ一枚、余分なものがありません。必要なものは自転車に乗って四キロ先の町まで買いに行くのです。これまで家事を人まかせにしてきた私が、お勝手はもちろん、生活に係わる一切を自分ひとりでこなさなければならなくなりました。

そのかわり、葬式以外、住職としての用事はほとんどありません。へんな話、人口が少ないぶん人も死なず、葬式さえめったにありません。駐在さんと診療所の先生と学校の先生をのぞけば、あとはすべて身内という、とても小さな世界です。お習字を教える生徒もいなければ、お裁縫の腕を活かす機会もなく、もてあました私は二畝《せ》(約六十坪)ほどの小さな畑をもらって花を植えてみました。百合の花をいっぱいつくって真夏に花屋さんに売りに行くと、一本五銭でした。悲しくてもう売るのはやめようと思いました。

人を好きになっただけで、どうしてこんな侘び住まいをせんならん。私はどんな悪いことをしたというんだろう。

そう思っては、柄にもなく我が身を憐れむ日もありました。

毎晩、終列車が出る音が聞こえてくると、どれほど都を恋しく思ったかわかりません。あの列車に乗ればあの人のいる京都にだって行けるのに。ああ、今日も暮れた。

いつになったら帰れるのだろう。

恋とはつくづく苦しいものだと思いました。私を住職に迎えた村こそいい迷惑でしょうが、心は老師のところへ飛んでいき、若狭でお経を読んでいる私は肉体がそこにあるだけのぬけがらです。雑巾がけをし、畑の花をいじり、草むしりをしていても、彼のことしか頭にないのです。邪念をふりはらおうと、一所懸命お経を読んでも、お釈迦さまの顔が彼の顔に見えるところまでのめりこみました。坐禅を組めば組むほど、心が燃え盛ってどうにもなりません。お経も坐禅も、はっきり言って何の助けにもならなかったのです。

修行が足りないといわれればそうかもしれませんが、尼さんとて人間です。木の股から生まれてきたわけではありません。私が今ここにいるのも男女の営みの結果で、その原点はどこの誰ともいっしょなのです。尼さんや坊さんだからといって、いったい何が違うのでしょう？　同じ空気を吸い、同じ時代を生き、好きなものを見たら好きと思い、嫌いなものを見たら嫌いと思う、個人的な感情生活もある。そこから溢れ出てくる感情を宗教家なら断ち切れるのか。私は断ち切れません。簡単に断ち切れるとしたら、最初からその程度のものだったのだろうと思えてくるほど、この思いだけは断ち切れません。

どうして尼さんは人を好きになってはいけないのか。どうしてそれが罪なのか。答えの出ない問いを自らに発しては、煩悶し続けていました。

老師はお供の人を連れて二度ほど訪ねてくださいました。

夜になると、老師が寝ている枕元で、私はしゃくりあげて泣きました。

「泣きなさんな。そうされると明日どれほどの辛い思いで帰っていかなければならないか。わざわざ会いにきたんだから、ニコニコ笑って帰してくれ。来いひんと言うたら泣いたらいいじゃないか。なんで泣く必要があるのや」

今、目の前にいてくださる嬉しさよりも、帰ってしまってからの寂しさのほうが先に立って、ひとりでに涙が溢れてくるのでしょう。なだめるつもりで「ああ、ああ、そういう子は嫌いだねえ」と優しく言われるとよけい泣けてくるから困ります。血を吐くほどの苦しさで突き放そうとしているのに、どうしてそれがわからんのや、と老師はしばしば嘆きました。

老師の持病のリウマチは、その頃から悪化しはじめていたはずですが、私は自分のせつなさを訴えるのにいっぱいで、それがどれほど重大なことか、ほとんど気づかずにいました。

深く愛されたことを知っても、それは言葉のやりとりにすぎません。その先がない。その結果もない。たった一度、ほっぺたにキスをされて殴ったのを最後に、老師は二度と私に触れようとはしませんでした。

せめてもの思い出にと気遣ってくださったのか、老師は看病という名目で私を三朝《みささ》温泉に同行させることに決めました。目的はリウマチの療養です。

私は老師に呼び出され、三朝に行くための準備を手伝うために円福寺に出向きました。簞笥《たんす》の引出しの中身から、銀行の預金通帳から、すべてをさらけだして私に整理させたのは、旅行の準備というよりも、身辺整理と言うべきものだったと気づいたのはずっとあとのことです。最低限のものだけを残し、本や衣裳といった私物のほとんどは若狭へ送るように指示されました。

数日泊まってすべてをかたづけ、いよいよ三朝へ発つ日がやってきました。

昭和三十三年五月十五日、私は老師の言いつけどおり、さも若狭へ帰るふうを装って、朝八時にひとりで円福寺を出ました。私を三朝に伴うことは秘密で、老師は周囲の目を欺くために入念な計画を立てていたのです。

——京都発午後四時の特急白兎《はくと》で行くから、あなたは朝八時に円福寺を出て、時間をつぶして二条駅から三等車に乗りなさい。私は京都から二等車に乗っているから、福知山を過ぎたら迎えにいってあげます。それまでは三等車から動かないように。

ちょうど葵祭の日で、暑かったことを忘れません。汗がたらたら流れ落ちてくるような陽気の日に、朝八時から午後四時までの八時間をいったいどうして過ごしたのでしょう。三十四歳にして、喫茶店に入ってゆっくりコーヒーを飲むことも知らない女。映画館で愉しみながら時間をつぶすことなど及びもつかない女。ただひたすら四時の来るのを待っています。身の置き場がなくて困ったことは覚えていても、不思議と苦痛ひとつ感じませんでした。

二条駅から乗りこむと、私はいつのまにか眠ってしまったようです。迎えに来た老師の声で目を覚まし、促されて二等車へ移ると、汽車弁とお酒が用意されていました。精進しか召しあがらない老師は稲荷寿司ですが、私のは彩りも美しい幕の内。お酒に至っては一滴も飲まれない方が、さあ飲みなさいとすすめてくださいます。

「ああ、やっと連れ出せた。今生の名残りになるかもわからんけど、どうや？　嬉しいですか？」

「とっても嬉しいです」

老師とふたりだけで出かけるのも初めてなら、いっしょに汽車に乗るのも、並んで座るのも初めてです。初デート？ そんなことも思わずに、「ついてきなさい」とおっしゃるので喜んでついてきたというだけの話ですが、坊さんと尼さんのふたり旅はいったい人目にどう映ったのでしょう。思えば大変な冒険をしたものです。

「目の中に入れても痛くないほどかわいい」と、老師は臆面もなく口にしましたが、それは本当だったでしょう。ペットの子猫や子犬がどんないたずらをやらかそうとかわいいようなもの。そこへもってきて、八時間ほったらかしにされても文句ひとつ言うどころか、尻尾を振らんばかりに喜んでいるのですから、それはかわいくないわけがありません。あのときのわくわくした気持ち、ふわふわした気持ちは今となるとあきれるほどで、老師にも叱られました。

「人目もあるのに、どうしてあなたはそんなにニコニコしていられる。私は療養のためにやむをえず来てるのであって、それについてきたあなたは私のことをもっと心配しなきゃだめじゃないですか」

看病という名目を忘れるなと、老師に何度も釘を刺されなければならないほど、私は嬉しくてたまらない顔をしていたようです。

岩井旅館で私たちを出迎えた女中頭の顔には見覚えがありました。訝《いぶか》しげに眺めている私に気づいて、「谷崎さんの『鍵』をお読みになられました？」と、その人は意外なことを訊いてきます。

「あの本の挿絵《さしえ》の、棟方志功の版画ですよ。モデルは私です。あれをご覧になって、私の顔と似てるからびっくりされたのとちがいますか？」

「あ、そうや！　あれはあなたなんですね」「そうですねん」ということで、ミヤコと名乗るその女中さんとは一気に打ち解けました。老師は晩ご飯がすむと、そのミヤコさんに「この尼さんは私の弟子やから、頼んでおいた部屋まで送ったってください」と私を託しました。廊下をいくつも曲がり、階段を上がったり下がったりして、やっと辿りついた別棟の部屋。そこで私はこれから何週間か過ごすのです。たとえ私が夜中に変な気を起こしても、とても老師の部屋までは行けないだろうというほど遠い距離。いっしょの部屋を期待していた私は落胆を覚えつつ、老師の用心深さには脱帽しました。

若狭には、お葬式があるときに呼び出されて数日戻っただけで、私は二カ月以上を三朝で過ごしました。海見寺の総代ヒロキ氏は器の大きい方で、「用のないときまでこの村に縛りつけてはおけない」と言って、私を自由にさせてくださったのです。老師が若狭へ私を訪ねてくれたときに総代と会い、もしものときは私のことを頼むと言った経緯もありましたが、京大出の息子のいる元町長の総代と、同じ京大出の愛弟子が自慢の老師は、お互い相通じるものを感じていたようで、総代は老師の具合を心から心配してくださっていたのです。

私が若狭に帰っているわずかな間に、老師は泥療法を試みるために三朝温泉病院に入院していました。旅館での湯治だけでは治りそうもないと判断したミヤコさんの尽力のおかげです。

ミヤコさんは老師にひとめ惚れしていました。「ミヤコさんが世話してくれる言うてるさかい、安心してお葬式に行ってらっしゃい」などと老師に言われてカッともきますが、ミヤコさんはそれはそれは老師を大切に扱ってくれ、背中をさすったりご飯を食べさせたり至れり尽くせり、見ているとひとり笑えてくるほどです。

そういう話をすると「老師はそれほど魅力的な人なんですか？」と必ず訊かれますが、こればかりは好き好きですから何とも言えません。嫌いだという人ももちろんいましたが、東洋大学に通っていた東京時代、新橋の芸者衆に取りっこされたという話は当時を知る人から聞いたことがあります。色街で名をあげたこともある老師が、その晩年に、私のような野生の子に肩入れしたというのがまた不思議です。

三朝での日々は、楽しかったとも苦しかったとも言えません。名目とはいえ看病でついてきたはずなのに、自分が役に立っているという実感も持てず、どうして私を連れてきたのだろうとせつなくなる日もありました。

そばにいられる嬉しさのあまり、悪化の一途を辿る病状にも、一日一日と深まってゆく老師の苦悩にも気づかない私は、思えばあまりに幼すぎたのです。それでも老師は、

「歩けなくなる日がもうそこまで来ているというのに、あなたは事態の大きさをどうして察することができないんだ」

とは、もう言いません。

代わりに、夕方になると老師は私を散歩に誘います。

「橋まで歩こか」

私は老師の少しうしろを歩きます。杖に頼っている老師の足元を気遣う私に、ひとりごとを聞かせるような調子で「今のうちに歩いとこう」とおっしゃいます。

「一生あなたが憶えているように、今のうちに連れて歩いておこう」

夕日が沈むのを見て「帰りましょうか」と声をかけます。

「うむ、今日もここまで歩いて、お日さんが沈むのを見られたな」

きっと老師は、病の進行を確かめながら、自分の進退に思いを巡らせていたのでしょう。歩けなくなってからでは遅い、引き際は潔《いさぎよ》く、決めるなら今のうちに――と。

老師はそんなふうにして、今、自分に何が起き、これからどうなるかを私に向かって一所懸命発信なさっていたのに、悲しいかな、私の受信機のほうがいかれていました。芳村さんなら、私の何倍も早くキャッチしたことでしょうに。

「わしのようなものを恋人にもってあわれやったな」

「いいえ、そんなこと思うてません」

「幸せや思うてるか？」

「天にも上る気持ちです」

失意のうちに沈んでいる老師の気持ちなどおかまいなしに、おぼこ娘もいいところ。私がもう少し大人だったら、心中を察して慰めることもできたのに。もう少し対等の立場に立てたら、「そんなことでは芳村さんに嫌われまっせ」などと明るく軽口を叩いてみせて、ふさぎこむ老師を励ますこともできたのに。

申し訳なく思っています。

別れ

老師の病室は四人部屋でしたが、私も椅子を並べてそこで寝泊まりしました。シーツを替えたり泥療法で汚れた寝巻きを洗ったりして、またたくまに一日が過ぎてゆきます。

ある日、ベッドの下に何かを書きつけた紙を見つけました。状況からして、私が読むことを承知で書かれたものです。口では言えないことをこうして伝えようとされたのでしょう。

〈我死なば仏には紅き御花を奉れ　我が亡き後は白百合の花〉

それほどにも病状を悲観していらしたのかと思うと胸がつまります。そして、こんな歌も――。

〈老いらくの恋とは人の言わば言え　我ひたむきに君を愛す〉

老師のことではどのくらい泣いたかわかりませんが、いちばん泣いたのは退院したあとの数日です。

七月下旬に私がひと足先に若狭へ帰ったあと、退院の予定を知らせる手紙が届きました。付き添いの必要はないから、京都へ帰る日に、綾部駅まで荷物を取りに寄ってくれという内容で、例によって、何時の何線に乗り、綾部を通るのが何時頃だからと、こと細かく指示があります。三朝から京都へ向かう老師と、若狭から出てくる私が落ち合うには、山陰本線と舞鶴線とが交わる綾部駅が適当なのです。荷物というのは老師の着物や浴衣《ゆかた》で、泥療法で汚れたものは捨てればいいし、まだ着られるもので欲しいものがあればあなたにあげるから、適当に処分してください、ということでした。

私は綾部に着くと、そこで老師を待たずに乗り継いで福知山まで足を延ばしました。老師を出迎えに行った格好になりますが、福知山から乗った車中で荷物の受け渡しをすれば、綾部まで、どうかすれば京都まで一緒に過ごせると思ったのです。

福知山から乗り込んできた私に驚いたせいなのか、老師の様子はいつもと違っていました。どこかぎこちなく、近寄りがたささえ感じさせます。このまま京都まで送ってほしいと向こうも言わないし、私も京都駅まで乗ってお見送りしたいとは言い出しません。老師の放つ張り詰めた空気に気圧《けお》されて、とても言えませんでした。

綾部に着くと「ここでいいよ」と老師は言い、私は大きな風呂敷包みを受け取りました。

老師を乗せた列車を見送ったあと、ホームに取り残された私はなんともいえない物憂い気分に襲われました。なんとなくしらけたような、あてがはずれたような居心地の悪さ。やんわりと拒絶されたような疎外感。そして、悪い予感に胸がざわつくような――。なんのことはない、私は老師のすげない態度に少し傷ついていただけのことかもしれません。

それにしても、喜ばしいはずの退院の日に、なぜ彼は浮かない顔をしているのだろう。もやもやとまとわりついてくるこの重苦しさはなんだろう。哀しくてたまらないのはどういうわけなんだろう。こんな気分のままでは帰れない。帰りたくない。受け取った荷物を郵便局に放りこんで、誰も知る人のない、どこか遠くへ行ってしまいたい衝動にかられましたが、早く若狭へ帰って、老師の心配をしてくださった総代のヒロキさんに退院を報告しなければ、と自分に言い聞かせました。

ヒロキさんたちと老師の退院を祝いながらスキヤキでもしようと肉を買い、お宅を訪ねました。

「それはよかった」とみんなで喜び合い、「これでひと安心やね」と労《ねぎら》われ、わいわいと食卓を囲みながらも、私は泣けて泣けてしかたがありません。やっと落ち着いたころ、「海見寺に電話が入っています」と呼び出されました。

八幡の老師からで、昼間綾部の駅で別れたばかりなのに、すぐ来てくれと言うのです。もう終電には間に合わない時間だったので、明日行きますと返事をし、翌朝、一番の電車に乗りました。

円福寺で会う老師に、前日のぎこちなさはありません。今までどおりの老師でした。少なくとも最初のうちは――。

夜になり、久しぶりに私が八幡に来ているということで、お習字を教えていた生徒からぜひ晩ご飯にと招待されたので、老師に断わって出かけました。老師は「そうですか」と言いながらも不足な顔をしていたのを、そのときはあまり気に留めませんでした。私はあくまでも、退院して円福寺に戻った老師は、心身ともにひと安心したところだとしか思っていなかったのです。

夜の八時前にほろ酔いかげんで円福寺に戻ってきた私は、「老大師、ごはんまだですか？」と声をかけました。

「老大師のためにお精進でお寿司つくってもらいました。すぐあがりますか」

「うるさいッ」

聞いたこともない怒声が響き、私は飛び上がりました。

「さっさと若狭へ帰れッ」

突然のことにわけがわからず、言葉ひとつ返せません。綾部で降ろされたかと思うと、すぐに呼び出され、朝一番で三時間半かけてやってきたのです。これから帰れと言われても、終電には間に合いません。「明日すぐ帰ります」と言い置いて部屋に駆け込み、わあわあ泣きました。


翌朝若狭へ戻ると、今度は八幡の小梅さんからの電話です。

なんと、「今日、老師が突然訪ねてきやはった」と言うのです。老師は私宛ての手紙を懐から出し、こんなふうに説明したそうです。

昨日、私の不徳の致すところで宗清さんを泣かせてしまい、今朝、彼女は若狭へ飛んで帰ってしまった。ひどい言い方をして悲しませてしまったのにはわけがあり、すべてはこの手紙に書いてある。郵便局に持っていけばすむのはわかっているが、それではとても私の心がおさまらない。どうか、この手紙を持っていって本人に手渡してほしい――。老師は若狭までの旅費と弁当代を添えて、どうぞよろしく頼みます、と頭を下げたそうです。

「老大師な、うちまで歩いて来やはったんやで」

円福寺から大将のところまでは山道を二キロも歩くのです。

「あの悪い足で？　どうして……」

「そうやねん。うちの大将びっくりして、帰りは車呼んで乗ってもらったのや。老師は『私がここまで持ってきたことを本人によく伝えてください』言うてたよ。大将も『よくせきのことやと思うから、行ってやらなあかんで』言うてるから、明日持っていくさかい」

小梅さんが届けてくれた長い巻紙を広げ、急いで目を走らせました。

このたび感じるところあって、円福寺を引退する決意をした――というところまで読み、その少しあとに控えている「芳村」の文字が目に飛びこんできて私は息を呑みました。

すべてを放擲《ほうてき》して一俗人に戻り、病を養おうと思う。あなたには申し訳ないけれど、芳村が是非にといってくれるので、芳村の処へ行くことにした。

心臓がどきどきしていました。さらに目を走らせると、退院の一週間前に私を若狭へ帰したあと、芳村さんを三朝に呼んで今後のことを相談し、結論を出したのだと書いてあります。そして、三朝から帰る日に、福知山から乗り込んだ私を綾部で降ろしたのは、「芳村が乗っていた」からだとも——。

老師はあのとき、「芳村が病院からずっと付き添ってくれているから、おまえはもうここでええわ」とは言えなかったのです。そんなことを言ったら、私がどんなに悲しむかと思うと、黙っているしかなかったのです。

すべてを話そうと思ってすぐにあなたを呼び寄せたけれども、伝えなければいけないことがどうしても言葉にならず、その苦しさからうるさいと怒鳴ってあなたを帰してしまった。こういう結論を出した以上、あなたがどれほど悲しもうとも、それが私にとって血を吐くほど苦しい告白になろうとも、得心のゆくまで話してやらなければいけないと覚悟を決めていたはずなのに、顔を見るとどうしても言えない。卑怯な手段だとはわかっていますが、せめてこの手紙を手ずから小梅さんに届けようとした気持ちを汲んでください。

これからは芳村と愛弟子の剛志に頼って暮らそうと思うから、今日までのことも、私の存在も、一切なかったと思って忘れてほしい。

小梅さんが目の前にいるのも忘れ、私は泣き崩れました。

あなたが清く生き抜いてくれることを心から願っています。

円山蒼谷

村瀬宗清殿

女と男と女

老師が初めて私を怒鳴りつけたあの日、彼は悲愴な決意で私と対峙しようとしていたのです。円福寺の師家として、もう雲水を導くことのできない身体になったことを覚《さと》り、自分の手で幕を引く覚悟はやっとつけたけれども、最後に残された問題が私とのことだったのでしょう。別れ話を切り出すつもりで私を呼び出した老師と、退院を喜んでいる私とでは、話が噛み合うわけがありませんでした。

「お身体のほう、しんどくありませんか」「これからどうされるおつもりですか」と、私がもっと濃《こま》やかな気遣いを見せれば少しは切り出しやすかったかもしれませんが、一段落だと極め込んで老師をおいて出かけた上に、ほろ酔いで帰ってきた私が相手では、話の端緒も開けなかったでしょう。

芳村か、宗清か——。彼はどちらかをふらなければならなかったのです。三朝をひきあげる一週間前に私を若狭へ帰したあと、決心をつけるまでどれほど苦しまれたことでしょう。十八年も女性と暮らした男は、病気になって寝込んでしまえば、とても一人では暮らせません。時間とともに、おのずと答えは出たにちがいありません。大人のずるさといえばそうかもしれませんが、その気持ちは病に倒れてみなければわからないことです。

ともあれ、円福寺で寝ついてしまう前に自らの意志で引退し、住職の座を空席にして、後任問題を第三者の手に委ねたのは、賢明な判断だったと思います。

八月十日、円福寺退山。老師になって三年足らずでした。

あの日、手紙を届けてくれた小梅さんに、老師への返事として私がことづけたのは、「わかりました」というひと言だけでした。

それからひと月。あの手紙を最後に連絡が途絶えていました。「芳村のところ」というほか、住所も名前も詳しく聞かされていないので、こちらからはどうにもなりません。だからといって、円福寺に老師の居場所を訊ねるのは気がひけました。桂という地名と、老師がよく口にした「タケシ」という名前だけが耳に残っています。そのふたつをたよりに電話番号を調べ上げ、意を決してダイヤルを回しました。

「芳村さんのお宅でしょうか。八幡の老師、そちらにお世話になっておられますか？」

「あ、あなた、宗清さんですか」

お母さんのほうの芳村さんでした。

「あなたの話は八年前から耳にタコができるほど聞かされていましたよ。老師がね、あなた宛ての手紙を人に託したけど、いっこうに何も言ってこないと言うてはんのやけど、『こっちの所と電話番号ちゃんと書いたの』言うたら、『そんなもん知らさんでも、ほんとにその気があったら調べるじゃろう』と、こうなのよ。相変わらず勝手な人ですからねえ。よう連絡してくれました。寝たきりなんですよ。会いに来てあげてください」

芳村さんが教えてくれたバス停で降りると、その家はすぐに見つかりました。芳村さんのほかに、剛志さんのお嫁さんと三つくらいの男の子がいて、電話で聞いたとおり、老師は奥の座敷で寝たきりです。頭髪と髭が伸びている老師を見るのは初めてでした。

「お元気ですか」と言うと、「生きてますわ」と他人事のような返事がかえってきました。横で芳村さんが苦笑しています。

「なにも私の前やからと、他人行儀なものの言い方せんでもええやない。宗清さんのことではあれほどおのろけ聞かしておいて、いまさら取り繕って何言うてはんですか」

老師は依然として「おまえのことは芳村には何も話しておらん」というような顔をしています。三人はなんとも奇妙なやりとりをしながら、それでいて不思議になごやかな時間が流れてゆきます。

その日は泊まっていくようにとすすめられ、スキヤキをご馳走になりました。

そのうち剛志さんも帰宅してきます。

「宗清さん、ようこそ。母からも老師さんからもうかがっております。老師さんはこのとおり、大病を患《わずら》われて円福寺を退かれました。私のようなものでも頼ってきてくださったので、うちの大事なおじいちゃんやと思うてこれからも仕えるようにします」

さすがに老師が自慢するだけのことはある立派な青年で、思わず目を瞠《みは》りました。私が三十四でしたから、三十一歳くらいでしょうか。京大を出たあと一流企業に就職し、若くして部長職に就いていていました。

「幸い仕事のほうも順調ですから、経済のこともご心配には及びません」

それを聞いて、気がかりがひとつなくなりました。

明くる日、帰ろうとすると、もうひと晩泊まって帰るか、と老師が言います。若狭に用事があるのか？　いえ、ありませんが――。

そのやりとりを見ている芳村さんも、もう少しそばにいてあげて、と私を引き留めます。

「老師の話相手するのうんざりやねん。世話は私がするさかい、宗清さんいてくれるだけで私も楽やから」

そう言われて、私はもう一晩泊まりますが、どれだけいようと、老師とは何も話はしないのです。話したいことはいっぱいあるのに、どういうわけか言葉にならないし、したくもありません。口に出せば嘘になりそうな気がして、それがいやだったのかもしれません。

それ以来、芳村さんから「もうそろそろ来そうなもんやと老師が言うてはるんやけど、今度はいつ頃来てくれるの」という電話がかかってくるようになりました。お世話をかけますからと辞退すると、「来てくれると私も息抜きできていいのよ。せめて私が老師の愚痴言うの聞いてえな」と、私の心の負担を少しでも減らそうとして、わざとそういう言い方をされます。「毎日毎日顔合わせてると、鬱陶《うっとう》しくてかなんわ」

その頃にはもう芳村さんの気性もわかっていますから、私も（鬱陶しい？ よう言うわ、そこまで惚れておいて）と心の中で苦笑いしています。老師がわがままを言うと、「誰のおかげで寝てられる思うてるの、まったくえらそうに」と芳村さんは悪態をつきますが、老師のほうも「来てもいい言うたから来たまでや、おまえが悪い」と憎まれ口で応酬してしゃあしゃあとしています。お互いどんなに毒舌を吐こうと、けろりとしていられるのが私の目には新鮮に映りました。女人禁制、男子禁制の世界しか知らない私は、丁々発止のふたりのやりとりに、長い時間を過ごした男女の機微というものを見た気がして、夫婦とはこんなものかと想像を巡らせたものです。

もちろん、いくらか本音も混じってはいたでしょう。芳村さんが夜中に何度も老師に起こされるようすは客間で寝ている私にも聞こえていました。寝たきりの人を世話する身体的負担もさることながら、お嫁さんの手前もあり、老師を引き取ったことでどれほどの気苦労があったかと思われます。

それもこれも、惚れ抜いた相手だからこその話でしょう。芳村さんは福知山の一住職だった円山蒼谷が、円福寺の老師になることを心から望んでいた人です。そのために一生を賭けてもいいと思っていたと、私に語ったことがありました。

そんな芳村さんは、円福寺で独身の看板を掲げてすましていた老師を「ばかみたい」とこきおろします。

「まわりの人は私の存在をみんな知ってて言わないだけなのに、わしは独身やって顔してどうするつもりだったんでしょうね。私に向かっても、おまえは他人やで、なんて言ってね。十八年も一緒におって、他人もなにもないわ。な、おかしいと思わへん」

私がうっかり頷くと、「そういう得手勝手な人を好きになったのが無調法やね。だからあんたもあんなの好きになったらだめよ」と切り返してくるその言い方が痛快で、それが冗談だろうと私への牽制だろうと、いつも笑ってしまうのです。

いい男だったからねえ……。いつだったか、芳村さんは珍しくまじめな顔でそう言いました。

「私はものすごう惚れたからな、あなたが今老師を好きだと言うても笑いもなにもせえへんよ。ただ、あなたは私がおることを知って好きになったんやから、これは困ったことやで。私を抜きにして老師の気持ちがあなたに向くはずないやない」

「そんなことわからへんし」

「そやろな。私と違う意味であんたをかわいがってたことだけは認めるけど、おかしいねえ、親子ほど年が違うのに、どうしてあんたを好きになったんやろなあ。私はミステリーやと思うよ」


月に一度老師を訪ね、二泊ほどしていくのが習慣となりました。

総代のヒロキさんには、「老師のお見舞いに出かけますので、何かあったら電話をください」と断わってから出かけます。

「総代にちゃんと言ってきたか」

「はい、二、三日、よろしくお願いしますと言うてきました」

「そんなにおってくれんでもいいで」

また芳村さんが「なに言うてんの、一週間でも十日でもいてほしい言うといて」と笑っています。

若狭での暮らしはさぞかし懐《ふところ》が寂しいだろうからといって、旅費の面倒は老師が見てくださいました。そして、行けば必ず私の好物のスキヤキです。その頃は、老師のお見舞いに出かけるその二、三日のためだけに生きていたようなものでした。老師とはろくに話もしないのは相変わらずですが、それでも私はうれしかったのです。そんなことが、自動車に轢かれるまでずっと続きました。

三度目の高源寺

若狭に来て、三年目に入っていました。

窮屈な高源寺を脱け出して水月寺の跡継ぎとなり、またそこを飛び出して、いったんは高源寺に戻ったものの、海見寺に移るまでのほんの短い間さえうまく行かなかった、師匠と私です。

よもや、ふたたび高源寺に戻ることがあろうとは思いもしません。

ところが、その〝よもや〟があったのです。

私が高源寺から若狭へ移った直後に妹弟子の宗弘さんが脊椎《せきつい》カリエスと診断され、

入院を余儀なくされていました。

その入院生活も三年目に入り、何かと物入りな上に手は足りず、師匠はついに私を若狭から呼び戻すことに決めたのです。

お習字を習いたいと言えば塾に通わせ、お裁縫の修業をしたいと言えば一年の暇を出し、水月寺がいやだと言えば引き取った。いっぺんくらいわしの言うことを聞いてもいいはずだ。それが師匠の言い分で、「だから戻ってこい」と、有無を言わさぬ調子です。

私の兄弟子の玉井香山和尚が、また使僧として動きました。若狭の総代は、香山和尚にじゅうぶん太刀打ちできるほどの大物です。私を高源寺に戻すにあたり、条件をつけてくれました。

うちの大事な和尚さんを――私のことです――勝手な都合で返してくれと言われて、はいそうですかと熨斗《のし》つけて返すようなわけにはいきません。高源寺の住職として迎えてくれるというのなら、和尚さんの出世のために涙をのんでお返ししましょう。小僧扱いをしようものならすぐ取り返しに行きますから、その覚悟があるならどうぞ迎えに来てください――。

師匠は自分が住職を退く気はひとつもないまま、その条件をのみました。こうして、私が正住職第十世となって高源寺に戻るという、予想外の展開となったのです。

　高源寺がさしむけてくれたトラックに荷物と共に乗り込んで、寺に着いたのは夜中の三時でした。案の定出迎えもなく、おじやがあるくらいで、ご飯ひとつ炊いてありませんでした。いったい、本当に住職としてやっていけるのかと先が危ぶまれるスタートでしたが、それは杞憂に終わらなかったのです。

　まず第一に、住職の部屋がありません。

　私が高源寺を出ていったあと、師匠と宗弘さんはお茶とお花を教えて経済の足しにしていました。私が住職という立場で戻ってからも、師匠はそれまでの暮らし方を変えようとはせず、とりあえず私が寝起きしている部屋を、週に何日もお稽古のために明け渡さなければなりませんでした。自分用の座布団ひとつなければラジオやテレビはもちろんなく、私物の置き場にも困るような環境です。師匠は私が三十六歳になり、すでに住職を務めた経験のあることも忘れ、十一年前に高源寺を出て行ったときと同じ扱いでこと足れりと思っているのが明白でした。

　それでも若狭の総代との約束があるので、高源寺住職変更の手続きはすでにすませ、登記簿上は私が責任者です。

高源寺を切りまわしていくための準備金として、私は二百万円を渡されました。それがお寺の公金のすべてだと聞き、私は早速それを四つに分けてしまいました。八十いくつの隠居さんに何かあったときの五十万円、師匠には隠居手当が五十万円、妹弟子がよそへ行くことになった場合の支度金としての五十万円。私は残りの五十万円で寺を維持していけばいい。地代という定収入もあるからあとはどうにかなるだろう——。私は専門道場時代に、すべての収入を一括して公金として扱い、利益は全員で分配すればいいという共産主義的な考え方を身につけていましたが、きっと私のそういうやり方は、師匠のやり方とは相容れなかったのでしょう。

師匠は反対に、お茶とお花を教えるにつき、寺の部屋を私が居場所に困るほど自由に使い、電気代からお抹茶代・菓子代・炭代といった消耗品に至るまで、すべての経費を寺に負担させた上、得た収入を納めるでもなく自分のものにしていました。言ってみれば内職ですが、傍目《はため》にはお寺の経営に関わる仕事のひとつと映ります。お寺の維持と生活費の一切を管理する立場にいる私は、それならそれでかまわないから、二割をお寺に入れてくださいと頼みましたが、それも師匠の反発をかいました。どちらがいい悪いというより、互いの生き方や気性の違いがお金の問題を通してはっきりとした形になり、埋めようのない溝となって広がっていきました。

そのうち宗弘さんも退院してくると、私が呼び戻された一番の理由もなくなります。彼女と私に落ち度はなくても、師匠をはさんでふたりがダブると、これまでもろくなことはありませんでした。

師匠には、養女として籍まで入れた宗弘さんという跡継ぎがいて、私はそのことを百も承知で帰ってきたのです。

問題は、住職になるために必要な専門道場での修行を、宗弘さんはまだすませていないということでした。

退院して元気になった宗弘さんを円光寺にやり、修行中の三年間は私が住職を務め、宗弘さんが晴れて履歴をつけて帰ってきたとき、彼女に譲ればいいというのが私の心づもりだったのです。ところが宗弘さんは修行に出るのをしぶり、師匠はそれをあっさりと容認しました。

「そりゃそうや。弱い身体で行かんでもいいから、死ぬまでここにおって、お茶とお花の先生を私と一緒にやったらいい」

私は名ばかりの住職として責任だけ負わされ、師匠と師匠の姪を名乗る妹弟子を中心に動いているこの寺で、いったいどうすればよかったのでしょうか。

ある日、銀行から宗教法人高源寺代表役員住職宛てに書留が届きました。師匠の名前になっていましたが、高源寺住職宛てなら公の文書だと思い、何気なく封を切りました。見れば、定期預金が満期になったという知らせです。

全部で百五十万円。いったいこのお金はなんだろう？　公金はすべて住職の籍とともに私に譲ったはずではなかったか。

師匠に見せると、これは親が自分に遺したものだ、個人のものでおまえには関係ないとヒステリックに叫び、人の名前で来た封書を開けるとはなんたることだ、と顔をまっかにして怒り出しました。師匠のご両親が亡くなられた時期のことをよく覚えていますが、遺産のことなど一切耳にした記憶はありません。それはいいとしても、私信を勝手に開けたとまで言われて私は黙っていられず、これまで言わずにおいたことを初めて口にしました。

私が水月寺から高源寺に戻ったとき、老師が私に宛てた私信をあなたは勝手に開封して読んだ覚えはありませんか。それに師匠、これは私信ではありません。住職宛てに届いたものを住職の私が開けたまで。それがいやなら、どうして個人名義にしておかなかったんですか――。

そんなことはおまえに言われる筋合いはない。そのうち宗弘がよそへ行くことになったらお金が要るかもわからんさかい、おまえと違って、あの子は親のない子なんだから――と、昔から聞かされてきたフレーズが師匠の口から弾丸のように飛び出します。

感情を昂ぶらせた師匠は、ましてあの子は戸籍上わしの姓となってる養女なんだぞ、という言葉まで口にし、その勢いのままこう言い放ちました。

かまどの下の灰までもあの子のものであって、おまえのものではない！

師匠の口走ったこの言葉が私にとっては決定打となりました。

もう、ここにいる必要はない――。

なによりも師匠の気に障《さわ》ったのは、私が戻ってくるのと機を一にして、円光寺の後任問題が降って湧いたことです。前にも書いたように、過去の経緯から、円光寺の人事についての決定権は、高源寺住職が握っていました。つまり、私が住職となって戻ってきたということは、公的にはその任を私が務めるということを意味します。それが周囲に波紋や臆測を呼び、一種政治的ないざこざに巻きこまれていくのですが、そんなことはどうでもいいことです。それより、そうした問題についての話が、すべて師匠を飛び越えて私を中心に巡っていることに師匠は堪えられなかったのです。結局、師匠は最初から最後まで、私を住職として遇する気などなかったのでしょう。書類の上で住職を譲っても、事実上の実権を手放そうとしなかったことから、すべてがこじれていったのです。

師匠はわざわざ桂まででかけていって、私に対する怒りを老師にぶちまけたそうです。

老師には縁のない、水月寺に移る前後の十年以上昔の話にまで遡り、義理知らず、恩知らずと私を罵り続けたといいます。いったいあの師匠は何を言うてるのやと、老師もあきれ果てて私に言いました。育てたのは自分やのに、わしに文句を言うのは筋違いもいいところだ。芳村にも剛志の嫁にも、宗清さんは賢い子やとわしは言ってきたのに、あれだけの悪口雑言を並べたてられて、ふたりの手前恥ずかしいほどやった――。

覚えておきや、と老師は言いました。

檜《ひのき》という木があるだろう。風が吹くと隣の木と擦《こす》れ合って火を出して、山火事を引き起こす。それでヒノキというのや。

あなたと師匠の間にはこれだけの軋轢《あつれき》がある。摩擦があれば必ず火の手が上がる。火事が起きたらその責任はすべて住職のあなたにかかってくる。師匠はまだ若い。妹弟子も退院してるのやったら、あんたがおらんでも大丈夫。悪いことは言わないから、一刻も早く逃げ出しなさい。どこでも生きていくところはあるじゃろう――。

第三章　再生

僧籍剥奪

五千円札一枚握り締め、身ひとつで高源寺を出た私は、大徳寺塔頭《たっちゅう》芳春院《ほうしゅんいん》に身を寄せていました。兄弟子、玉井香山和尚の計らいです。

高源寺を飛び出すのはこれで三度目でした。

住職の任にある以上、黙って出ていくような卑怯な真似《まね》をするつもりは毛頭ありませんでした。

昭和三十五年十二月一日、私から玉井香山和尚に連絡をとり、高源寺まで出向いていただきました。そして和尚の立会いのもと、師匠、妹弟子、隠居さんの前で、「長々お世話になりましたが、今日をもってこの寺を出ます」と宣言したのです。

香山和尚は、「ここを出て、いったいどうするつもりだ」と目を丸くしていますが、師匠のほうは驚きよりも不快感を露わにしています。「どこへなりと行くつもりです」という私の返事を無視して、「どうせこの子は老師のいる桂へでも行きよりますわ」と吐き捨てるように言うのです。師匠の放つ皮肉や嫌味を白けた思いで聞き流しながら、寝ついている老師のところへ何しに行くのかいな、あほらしい、と私は心の中で毒づいていました。

和尚は師匠と私の間にある緊迫した空気を読みとって、事態が取り返しのつかないところまで進んでいることをすぐに覚ったようでした。へたにうろうろされたらわしこそええ迷惑や、ともあれ芳春院に来なさいと諭され、私は一時的に芳春院でお世話になることとなったのです。住職として高源寺に戻ってから九カ月目のことでした。

翌年の三月初めのことです。私は高源寺師匠の手によって、僧籍剝奪がなされたことを知りました。

住職が三カ月以上その任に就けないときは代務者を置くべきで、その措置をとらずに無断で逃亡した場合はいかなる処分を受けてもやむなしという宗教法人法の条例があり、それが適用されたのです。高源寺を出てからちょうど三カ月が経っていました。

もちろん、寝耳に水でした。わざわざ芳春院の玉井香山和尚をお呼び立てし、その立会いのもと、住職を妹弟子に譲ると宣言して寺を離れた私ですが、辞任届に判子をついてそれを師匠に突きつけるところまで考えなかったのは若気の至りというものでした。私の側から正式な書類が提出されていないのをいいことに、それをあえて無断逃亡と見なした師匠の訴えがまかりとおってしまったのです。

私は寺を無住にして出て行ったわけではありません。まして高源寺には跡継ぎとして控えている養女がいます。「かまどの下の灰までおまえのものではない」と言われた私が出て行ったとて、師匠にとってはむしろ好都合といってもいいくらいで、私の僧籍を剝奪までしなければならないほどの切実な理由も権利も本来はないはずでした。

私ははたと気づきました。私が住職を退いて妹弟子に譲ったとしても、それだけでは高源寺住職第十世としての肩書きと、それに伴う先住職としての発言権が残るのです。つまり、その気になれば第十一世に圧力をかけることもできるということを、きっと師匠は恐れたのにちがいありません。おそらく師匠は自分が世を去ったあとの妹弟子の将来を慮《おもんぱか》り、第十世という私の肩書きを抹消して妹弟子への影響力をゼロにするために、僧籍剝奪という暴挙に出たのでしょう。と同時に、高源寺住職として円光寺の人事決定権を握っていた私から、円光寺後継者騒動への発言権を奪い返すことにも成功し、私の口を完全に封じたのです。よくぞそこまで考えついたものです。

僧籍剝奪が公にされると、思いもよらぬ形でそれが人に伝わっていきました。自分から愛想を尽かして出て行ったはずなのに、人の受け止め方はさかさまなのです。まるで追放された者を見るような世間の視線に私は戸惑いました。

一度、四条通りで親しい尼さんを見かけ、この人にだけは誤解を解いておかねばと思い、こちらへ向かって近づいて来るのを待っていたことがあります。その人は私の姿をみとめるや、さっと横の露地へと姿を消しました。

私の悪名は高まっていたのです。

ふりだし

四月初め、芳春院にひとりの高僧の訪問がありました。

玉井香山和尚はその方のお越しに備え、緋毛氈《ひもうせん》を手に廊下を走ってそれを広げながら私に言いました。

「今から曹洞宗の偉いお坊さんが来はんのやで。お見えになったらおまえもちょっとご挨拶せい」

それが村上独潭《どくたん》老師との最初の出会いでした。

お帰りになられるとき、履き物を揃えてさしあげようとして手にとると、下駄がまるで草履かと思うほど擦り減っているのには愕《おどろ》きました。さらにコートを着せ掛けてさしあげるとき、その表面が剝《は》げて羊羹色に褪せているのにも気づき、こんなみすぼらしい坊さん、どこが偉いんだろう、と思ったほどです。

お見送りしたあと、傘を置いていかれたことに気づきました。

「あ、これ忘れて帰りはったな、老師」

「ほんなら宗清、傘持って走井《はしりい》へ行け」

「走井ってどこですか」

「逢坂山のそばや。手紙を書いたさかい、これもいっしょに持って行ってこい」

翌日、逢坂山の麓にある月心寺を訪ねました。

「昨日お越しいただきましたよし、傘をお忘れになったので持ってまいりました」

「ああ、昨日の庵主さんですか、まあ、あがってください」

独潭老師は私を中へ招じ入れ、こう続けたのです。

「芳春院の和尚から話はよくよく聞きました。荷物が多いということやけど、こちらにはとうていしまう場所がないので、それでも来たかったら明日からでも来てください」

私はただ、忘れ物をお届けにあがっただけのつもりです。だしぬけにそんなことを言われ、どれほど愕いたことでしょう。

和尚の手紙を読んだ独潭老師の反応から、本日、本人を差し向けましたので、どうぞよろしくお願いしますというようなことが書かれてあるのが窺えます。

ことの次第を瞬時に理解した私は、そのとき初めて眼前に広がる月心寺の庭が目に入り、まっさきにこう思いました。

はぁ、ここへ来たらこの庭、掃かんならん……。

月心寺の庭は、一面が木立で蔽《おお》われています。なかでも、樹齢六百年とも言われる楓《かえで》が天に向かってその枝を広げているのがひときわ目をひきます。南側に広がる山の斜面には大小の岩で石組が築かれ、その表面を黒々と濡らしながら一条の滝が流れ落ち、手前の池へと注いでいます。

この庭園が相阿弥《そうあみ》作と伝えられていることなど、詳しいことはすべてあとから知ったことですが、室町期の人が愛でたであろうこの庭の命が、今もそのまま息づいていることに私は畏敬の念を覚えずにいられません。山の清水は気の遠くなるほどの長い時間、美しい滝となって落ち続け、楓の古木は色づいては葉を落とし、そしてまた芽吹くという季節の営みを何百回となく繰り返してきたのです。

走井と呼ばれる井戸から湧く水は、『枕草子』に三名水のひとつとして謳われるほど古くから有名です。江戸中期、この地所はその湧き水でつくった餅を供する走井茶屋の所有となりました。喉を潤《うるお》しに旅人が立ち寄る走井茶屋は広重の絵の画題としても取り上げられています。

明治に入り茶屋の六代目がここに走井餅本舗《ほんぽ》を創業しますが、鉄道の開通に伴い宿場町もさびれ、餅屋一家が八幡に店を移して引き払ったあと、走井茶屋旧跡は荒れるにまかせて放置されていたそうです。それを惜しんだ日本画の巨匠、橋本関雪画伯が大正三年、別荘として手に入れ修復に力を注ぎました。村上独潭老師と親交の深かった関雪画伯はその後、愛妻の急逝《きゅうせい》を機に禅宗に改宗、菩提を弔うために別荘を寺院に改め、開山として迎えられた独潭老師によって昭和二十一年に月心寺とされたのです。

月心寺石庭

初対面のご挨拶を昨日交わしたばかりの独潭老師に「明日からでもどうぞ」と言われても、あまりに突然で考えがまとまりません。いったん帰ってよく考えさせていただきます、と返事を保留にして辞去しました。

興奮気味の心を抑えつつ月心寺の門を出た私は、気を取りなおそうと、目についた餅屋に飛び込みました。しかし、そこで私を待っていたのも意表を突く言葉でした。

「あ、あんたか？　昨日、老師寄らはって、今度かわいらしい尼さんが来てくれることになった言うてたのは。そうか、あんたか」

呆気《あっけ》にとられている私に、ひとりで合点して満足気な笑みを浮かべている餅屋のおばさんは「餅、好き？　たんとおあがり」と言って、お土産に持たせてくれます。

えらいことになった。さて、どうする。誰に相談しよう。そうだ、大将のところへ行こう。思いつくが早いか、その足で八幡に向かいました。

「なんやて？　橋本関雪の別荘を寺にしたところ？　聞いたことがある。餅屋のあった走井か。その月心寺に七十いくつの老師がひとりおって、おまえに来てもいいと？　じゃあ、条件つけぇな。『置いていただきますが、この跡もらえますか』と、こう言え」

私と小梅さんが目をまるくしているのにもかまわず、大将は気を吐いています。

「跡もらえるなら、おってあげます、とな。はっきり決めてかからんと、おったわな、用がすんだらはいさよなら、では困るさかい」

さすがに小梅さんが、大将のあまりに性急で強引なもの言いをたしなめに入ります。

「大将、そんなこと決めんかて、向こうがいややと思うかわからんし。本人は庭にびっくりして、あれを掃くのはかなわん言うて相談に来てるのやさかいに」

「庭ぐらい掃いたらええがな、そんなもん。考えてみい、大画伯が別荘にしていたような寺やで。家賃いらへんし、敷金もいらへんし、とったようなもんじゃないか。どうせ行くところないんやろう。せっかくそう言ってくださってる。この運、逃《の》がしたら再びそういう話はないからな、喜んで行けッ」

大将は、これから行って老師にも相談してこい、と締めくくり、私は早速、桂へと急ぎました。なんとも忙しい一日です。

私の説明を黙って聞いていた円山蒼谷は、

「そうか、独潭は生きておったか」

と、これまた私の意表を突くような第一声を発しました。

円山蒼谷と村上独潭老師は、若い頃、神戸の徳光院で同じ時期に、同じ師について修行をしていた法友だったのです。

「わしは賛成や」

そう言う老師の横で芳村さんが、「三十いくつの宗清さんに、どうして七十いくつの独身の坊主のところへ行けなんておっしゃるんですか」と首を傾げています。

「わしは徳光院時代にいっしょに暮らしておったからわかるが、あれは唐変木でな、女に全然気のない男やさかい、この唐変木の宗清さんをなんぼあずけといても安心や。あれはおまえも見たとおりの風采だが、山椒《さんしょう》は小粒でぴりりと辛いと言われる相当な切れ者や。おいてもらってそこでゆっくり修行させてもらえ」

翌日芳春院に戻ると、ゆうべはどこへ泊まった、といきなり和尚に詰め寄られました。八幡に。八幡じゃないだろう、桂だろう。はい、桂にも泊まりました。桂にもだと？ いえ、八幡に行ってそれから桂に泊まりました――。

「で、どう言うとった、おまえの彼は」

そう言いかけて、まるで娘の恋人が気に食わない父親さながら、

「あの尼さんたらしの坊主、どう言うとった」

と皮肉をこめて言い直します。

「大賛成やさかい、行ったらいい言われました」

「なら、さっさと行けいッ」

芳春院に身を寄せていたこの数カ月、くる日もくる日も和尚とその家族の着物を縫って過ごした私に、「これは餞別やない、仕立て代や」と言って和尚は私の手に包みを握らせました。

「三年間、独潭老師のそばにちゃんと賢うしておったらな、わし逆立ちになって月心寺の池の中歩いたるわ」

「本当ですね」

「嘘つくか。見ててみ。一年も経ったらまたぞろ逃げ出しおるにちがいない」

機縁

月心寺はどの宗派にも、どの本山にも属さない単立寺院です。臨済宗の尼僧としての僧籍を剝奪されている私ですが、「そんなことは心配せんでもよい」と独潭老師は言ってくださいました。

「庵主が在俗の人でないことは誰が見てもわかること。ましてここは単立寺院、宗派に籍があってよし、なくてなおよしだ。もう月心寺内の尼僧として届けてある。わしがよいと言うてるのだからなんの問題もない」

それが老師のお考えであれば、口さがない人たちが何をどう言おうとそんなことはもう気にすまい――。


月心寺に来て、まずやらなければならなかったのは、庭を掃くよりなにより、ユースホステルの食事づくりでした。

旅する青少年に経済的で安全な宿泊施設を提供しようというユースホステル運動が世界的な広がりを見せ、日本でもようやく定着し始めた頃で、月心寺は早くからその活動に参加していました。社会奉仕の一環として始めたことではありますが、独潭老師にしてみれば、たとえ差し引き百円でも利益が出れば悪くないという計算もあったようです。

実際、老師の手元には百円が残ったのです。私が来る前、老師はユースホステルの仕事をすべて近所のおばさんにまかせていました。料金は朝食・夕食込みで一泊六百五十円。老師はおばさんの賃金を一銭も払わないかわりに宿泊客ひとりにつき百円だけを取り、おばさんはその残りで材料費と自分の手間賃とをやりくりするという、いわば天引き方式でした。今度はそれを私がやることになったのです。

高源寺でも水月寺でも、ろくにお勝手をやらなかった私が、一日十人から十五人分の食事を用意しなければならないのですから大変です。料理といっても、たとえば精進揚げにやっこ豆腐、ご飯と沢庵、それに味噌汁をつけた程度の簡単なものですが、ユースホステルの仕事はそれだけではすみませんから、来る日も来る日も若者の世話に明け暮れることになります。やりくりも楽ではありません。ちなみに昭和三十六年当時、卵が一個五十円。宿泊客が十人とすれば、千円を天引きした五千五百円で翌日の客の食費を賄い、さらにその残りで電気代から電話代から寺の経済のすべてを切り盛りしなければならないのです。これはかなわん、そのうちまた飛び出そう——と、またぞろ私は出奔に思いを馳せたりするのですから、香山和尚が「三年もったら池で逆立ちしてやる」と言いたくなるのも無理もありません。

このユースホステルの仕事が、値段のついた料理を大勢のお客さまにお出しする最初の体験となったわけですが、私が精進料理の道に励むようになったのは、それとはまた別の話です。

まず第一に、食べ物にうるさい独潭老師の影響がありました。うるさい、といっても食通という意味とは違います。老師のこだわりは、食べ物をなおざりにしてはいけないという曹洞宗の教えに基づいた生き方からくるもので、老師は道元禅師さまの言葉を引き合いに出しては、私に食事づくりの大切さを説いたものでした。月心寺に来たばかりの頃、「庵主、『典座《てんぞ》教訓』を知っているか」と、まっさきに訊ねられたのを今も忘れません。

典座とは修行僧の食事を掌《つかさど》る役僧のことで、典座の作法と心構えを説くために道元禅師さまが著したのが『典座教訓』です。そこには、食材や食器の取り扱いはもちろん、水一滴の大切さ、六味の調味、盛り付け方に至るまでの一切が記されています。曹洞宗の寺でお育ちになられた老師によれば、典座は管長に次いで責任の重い役職ということになります。料理とは命を預かる仕事であり、何よりも大切な修行であるという生き方をお若い頃から貫いていらしたのですから、私のつくるものに対してもそれは口やかましいのです。

老師に喜んでいただけるような食事をつくりたい――。私の料理への取り組みはそんなふうにして始まりましたが、持ち前の探究心が本格的に動き出し、いよいよ本腰を入れて精進料理に向き合うようになっていったのには、私をその気にさせてくださるまわりの方の後押しがあったからにほかなりません。

月心寺に来て半年ほど経った秋小口のこと。田口茶道具店のおかみさんがお茶会を開くので、庭の「小町百歳堂《こまちももとせどう》」を使わせてほしいとやってきました。それがそもそもの始まりです。

おかみさんは当日、六百円の萩の家のお弁当を私の分まで用意してお見えになりました。そろそろ寒くなってきた頃で、私が熱いお澄《す》ましをつくってさしあげたところ、おいしかったからと一杯につき五十円くださったのです。それが発端で、「今度のときはおつゆだけじゃなくて、このくらいの予算でかやくご飯に小芋か蒟蒻《こんにゃく》の炊いたのでもつけてくれへん」ともちかけられ、気軽に引き受けるとそれがまた大変好評を博しました。「次はごま豆腐つくらへん？　二百円増やすわ」という具合に、おかみさんから背中を押されるようにして私は料理の世界の扉を開けたのです。それが人から人へ伝わり、お茶や俳句を嗜《たしな》む人たちから予約が入り始めました。気がつくと、お茶会、句会に限らず、私の料理を食べてみたいとおっしゃるかたがお客さまとしておいでくださるようになっていたのです。

月心寺で私を待っていたのは、そういう出会い――ふりだしに戻った私の人生に、新たな展開をもたらしてくれるような出会いの数々でした。

独潭老師のお知り合いの河内松庵《かわちしょうあん》さんにお目にかかったのは、その年の終わり頃だったでしょうか。七十歳近くになられていたそのかたは、坊主でないことだけは確かですが、普通の人ともほど遠く、それまで私が会ったことのない種類の人でした。いわゆる数寄者《すきしゃ》とでもいうのでしょう、俳句もやれば絵も字も達者、お茶も料理も和裁もできて、茶器の目利きにして三味線、尺八、作歌に堪能、茶席の設計から露地の石組、手入れまでをこなし、おまけに水泳の先生でもあるというところがまたユニークで、この人をひとことで言い表す言葉はほかにみつかりません。なにしろあらゆる方面に通じていて、相阿弥や世阿弥《ぜあみ》はこんな人だったのではないかと想像するほどに趣味の深いかたなのです。

その松庵さんこそ、芳春院との間を再三行き来して、私を月心寺にお世話くださった中心人物なのですが、私のようなものを動かすために陰でお膳立てをしていた見ず知らずの方のいることなど、お会いして明かされるまでは及びもつきませんでした。思えば、いつの場合もそうでした。私の進路をめぐっては、本人の与《あず》り知らぬところで事が進み、いよいよ知らされたとき、すでに本人はその進路の上にいるのですから、もうそのまま進んでいくほかないのです。

松庵さんは一週間に一度くらいの頻度で月心寺に姿をあらわし、泊まっていかれます。何をするかといえば、私を一人前の禅僧にすべく、あらゆる面から仕込みにかかるのです。

まずはお茶でした。裏千家ならすでに心得がありましたが「手の込んだのはあかんさかい、表を習い」と、男平手前の特訓が始まります。それから、お茶事の作法と懐石料理です。大事なお客さまをお招びしたお茶事に私を同席させ、どんなものなのかを実際に見せてくださったことは、どれだけ私の糧になったかわかりません。そのうち「禅宗坊主が道成寺《どうじょうじ》のひとふしも歌えなければ楽しないやないか」とまで言い出され、今度は三味線と義太夫です。なんとかさまになるまで覚え込み、お経で鍛えた太い声で「鐘に恨みは数々ござる」と三味線片手に歌ってみれば、自分でも「義太夫を語る尼さんとはなかなかおもしろい」などと思い始めるのですからいい気なものです。

どうやら松庵さんは、芳春院の玉井香山和尚から「あれは変わり者やから、仕込めばモノになる」とでも吹きこまれていたようです。そのため何を教えるにも真剣で、そのぶん厳しくもありましたが、私も例のごとく、遊び半分ではものごとにとりかかれない性質ですから、いったん始めれば得心のゆくまで打ち込むのです。

松庵さんの指南を受け、私は砂地が水を吸い込むように、料理の肝《きも》ともいうべきものを体得し始めました。

お澄ましで五十円をいただいてから半年ほど経った頃、私の料理に五千五百円という値がつきました。「南座の顔見世の一等席の料金と同じにするさかい気張ってつくりや」と言って田口茶道具店のおかみさんが決めてくださった料金です。ユースホステルの六百五十円と較べたら桁違いですが、だからといってユースホステルを途中で放り出したり、値段を上げたりするのは私の性に合いません。従来どおりの朝食・夕食づくりに加え、お昼は精進料理のお客さまの予約を受けつけるようになり、お手伝いの人を頼みながらも私の毎日はさらに忙しくなりました。

松庵さんと出会ったのと同じ時期に、吉兆さん――『吉兆』の大主人、湯木貞一さまとのご縁も始まりました。

独潭老師と吉兆さんは、月心寺以前からの旧《ふる》いおつきあいだとうかがっています。そもそも老師はお若い頃、吉兆さんのご尊父さまともお親しくしていらしたそうで、吉兆さんはその絆を大切にされ、私にまでとてもよくしてくださるのです。

月心寺での社交がそれまでのものと較べて大きく違うのは、お訪ねくださるお客さまとの心の距離感です。以前の寺では住職を訪ねて偉い方がお見えになられても、私は跡継ぎとしてのご挨拶をするのがせいぜいで、膝を交えてお話しさせていただく機会はめったにありませんでした。一方、月心寺でお客さまがあれば、食べ物をこしらえたりお酒をお注ぎしたりするのが私の役目ですから、いきおいお客さまの前に顔を出すことになります。すると、どんな立派な方でも、老師にお仕えする尼という気安さも手伝ってか、いたって気楽に話しかけてくださるのです。個人的に老師を訪ねていらっしゃる方が多かったので、ゆっくりと積もる話をされていかれますが、そんな親密な場に私も末席を汚させていただく格好となり、大きな法要で公式にお目にかかるだけの方たちとはまた違う、私的なおつきあいがそこから始まっていきました。お顔の広い独潭老師のお力があってこそ、私は月心寺で多くの知遇を得ることができたのです。

月心寺にお客さまが多いのは、老師ご自身が人を寄せるのがお好きな方だったのと、やはり時代が戦後の混乱と高揚をまだ少しひきずっていたからではなかったかと思われます。戦争中、独潭老師は従軍僧として赴《おもむ》いた中国で拉致され、しばらくの間行方不明になっていました。その独潭が生還し、橋本関雪の別荘地に寺を建てたという話が戦後のニュースのひとつとして人々の口の端にのぼり、かつて親しかった人たちがそれなら一度お顔を見に伺おうということで、入れ替わり立ち替わり月心寺を訪ねられるようになっていたのです。戦争を挟んで長い年月中断されていたいくつもの交友関係がふたたび活発となり、その勢いがまだ昭和三十年代に入ってからも続いていました。

開山まで

私が月心寺に来たのは昭和三十六年の春、開山十六年目のことです。紆余曲折を経てここまで辿りついた私ではありますが、村上独潭老師が月心寺の開祖として逢坂山に落ち着かれるまでには、私には及びもつかないほどたくさんの出会いや別れがありました。お若い頃に結ばれた多くの因縁によって老師は導かれ、その因縁は私へとつながっていきます。私が出会うよりもずっと以前の独潭について、少しお話しいたしましょう。

明治の終わりか、あるいは大正初年頃の話です。

小僧時代を過ごした三次《みよし》（広島県）の寺を発ち、曹洞宗の大本山永平寺（福井県）を目指すひとりの若き修行僧がいました。二十一、二歳の頃の村上独潭です。

福井に向けての出立に際し、いったん神戸で降りたことが人生の大きな転換点となることを、もちろん本人は知らなかったでしょう。神戸には従兄弟《いとこ》の野田文一郎氏がいました。野田氏は後に神戸市長を務めることになる政治家です。途中下車したのはその従兄弟を訪ねるためで、お小遣いでももらうつもりだったと私は聞いています。

ところが、野田氏は独潭の話を聞いて、「永平寺に行くのなら、いっぺん龍淵《りゅうえん》老師にお目にかかってからでも遅くないだろう」と引き留めたのです。野田氏は神戸布引山の徳光院に参禅していました。徳光院とは、川崎造船所の川崎正蔵翁が、海難事故で命を落とした従業員の菩提を弔《とむら》うために建立《こんりゅう》し、天龍寺の管長を三度も務められた高木龍淵老師をお迎えして開かれた寺です。そこに独潭を連れていき龍淵老師と引き合わせると、いっぺんでお互いのことが気に入ります。独潭は永平寺行きをやめて龍淵老師のもとで修行するため神戸に留まることになり、ここで数々の因縁を結ぶこととなるのです。

前にも少し触れたように、同じ頃、円山蒼谷も徳光院で修行をしていました。ずっとあとのことになりますが、海見寺時代、私は円山蒼谷のおつかいで徳光院の和尚さんのお葬式を手伝いに行き、一週間滞在したことがあります。私はそこですでに独潭とも会っているのですが、そのときはお互いの存在にまるで気がついていないのです。どれだけ近くに座っていたとしても、その人こそ、私が後に十六年間お仕えし、跡まで継ぐことになろう人とは知りません。独潭と私の人生はそこで一瞬交差しますが、名乗り合うことすらなかった二人は、お互いの存在を記憶に留めることなく他人同士のまままそれぞれの人生に戻るのです。そして、何年後かに再び出会ったとき、初めて過去に縁のあったことを知るのですから、「袖摺り合うも他生の縁」とはよくいったものだと思います。

話を元に戻しましょう。独潭老師は徳光院で二人の修行者と親友になります。ひとりはのちに徳光院の三代目を継ぐことになる関精拙《せきせいせつ》老師。もちろん当時は老師ではなく一介の修行僧です。もうひとりは、戦後、政治家として活躍することになる石井光次郎氏で、当時は神戸高商OBによる坐禅会のメンバーとして参禅していました。石井氏とは互いを畏友《いゆう》と認め合うような間柄だったと推察されますが、ひょんなことから喧嘩して絶交にまで至り、そのくせひょんなことから仲直りしたりもしています。独潭が私に語った石井氏との交流にまつわるエピソードはどれも滅法おもしろいのですが、それはまた別の機会に譲りましょう。

当時、神戸に『中現長《なかげんちょう》』という有名な料理屋がありました。その主人の湯木吾一氏は、県人意識が強いといわれる広島出身で、同郷の野田文一郎氏に肩入れしていました。独潭は野田氏を通して湯木吾一氏と昵懇《じっこん》になります。

雨の降るある日のこと、独潭は『中現長』の前を傘をささずに通りすぎようとしていました。それを見た湯木氏は、十一、二歳の息子に「おい、貞一、市長さんの従兄弟さんが徳光院に帰らはるさかいに、傘をもってお送り申せ」と言いつけます。それが独潭と湯木貞一少年との最初の出会いで、少年は兄弟のないこともあり、独潭を年の離れた兄のごとく慕うようになります。

神戸時代の独潭老師はそのようにして、石井光次郎氏と関精拙老師、そして湯木貞一さんの三人と深い因縁を結びますが、八年間在籍した徳光院を辞して東洋大学に入学するため東京へと発ちます。

時代は進み、昭和初年、独潭と神戸で修行を共にした関精拙老師は、京都嵯峨《さが》の天龍寺管長を仰せつかります。管長を引き受けるにつき、その在任期間中、自身が住職を務める天龍寺山内慈済院を誰かにまかせなければなりません。精拙老師は独潭に慈済院の住職を頼むために、東京まで迎えにいきますが、すげなく断わられます。天龍寺は臨済宗ですが「わしは曹洞宗やし、今は半俗半僧の生活をしていて、もう坊主はいやなんだ」というわけです。が、結局「これは龍淵老師の遺命だ。先師の命令が聞けないのか」と押し切られ、独潭は慈済院住職として京都に遷《うつ》り住みます。そこから独潭の京都時代が始まり、橋本関雪画伯とも出会うことになるのです。

天龍寺の役僧たちは、それまで聞いたこともない村上独潭が慈済院住職になると聞いて最初は驚かれたそうですが、すぐに、小柄で風采はあがらないが智恵のかたまりのような坊主だ、という評判が立ちます。

そんなある日、関精拙老師を訪ねてひとりの男が慈済院へやってきました。くるなり「坊主いるか」と訊かれ、「管長のことなら本山に出とる」と独潭が答えます。

「そうか、おまえが今度この寺の住職か。なあ坊主、この寺には賽銭《さいせん》箱がないと人が言うじゃないか」

「賽銭箱の中に入っとって何を言うのや。足元全部賽銭箱やで」

「そうか、わしは賽銭箱に入っとったんか。それでは見えへんはずやわなあ」

それが橋本関雪画伯でした。明治後期から昭和初期にかけて活躍した日本画の巨匠です。関雪画伯はご子息の縁談の件で、関精拙老師に相談をもちかけていたのです。お人柄のよさで評判の、当時の京都府知事のご長女さまをぜひ我が息子に、という画伯の頼みをきいて、精拙老師は知事との間をとりもちますが、最初の橋渡しをしたあと、この件は独潭に任せようということになります。

知事と会うのはいつも祇園の『一力』でした。先に着いた独潭は女将《おかみ》に名を名乗り、ここで知事と会う約束だと告げますが、「閣下がお越しになられたらお呼びしますさかい、外で待っておくんなはれ」と中へ通してくれません。まもなく知事が現れ「話しておいた客はまだなのか、小っちゃい坊主やけど」と訊くと、女将は「やっぱりあれが閣下のお客さまでしたか、私、ニセモノかと思って追い出しましたのや」と言ったとか……。失礼ながら、当時の独潭はそれほど胡散《うさん》臭い風貌だったのでしょう。

ともあれ、独潭の奔走の甲斐あって縁談話は無事まとまり、関雪画伯との親交は深まっていったのです。

その親交の深さは、関雪画伯が最愛の奥さまを亡くされたとき、改宗までしたことからもうかがえます。「禅宗に改宗したので、ついては女房の百箇日からはあなたにお詣りしてほしい、今日までのよしみでぜひともうんと言ってくれ」と画伯は独潭に手紙を書き送っています。

戦争の足音が近づき始め、禅寺の多くは錬成道場としての役割を担うようになっています。そうした時代背景から親しくなったのが、京都師団長の寺内寿一《てらうちひさいち》閣下です。ある日、寺内閣下から「村上君、大阪に一軒、新進の料亭ができたので、行ってみませんか」と誘われて出かけた先で、思いがけず目の前に現れたのが、あの貞一少年の成長された姿でした。

「あれまあ、村上坊さんじゃおへんか」と料亭の主人は驚きます。神戸『中現長』の湯木吾一氏の一人息子で、今や『吉兆』創業者の湯木貞一氏です。独潭が東京へ発ってから親交の途絶えていた間に、貞一氏は不遇時代を乗り越え、料理の世界で名を上げていました。このときから独潭と『吉兆』主人とのご縁が始まったのです。

昭和十二年、盧溝橋《ろこうきよう》事件勃発《ぼつぱつ》。

独潭は思うところがあり、従軍僧として志願し、中国に赴《おもむ》くことを決意します。

関雪画伯に別れの挨拶に行くと、今は亡きご令室の遺骨が五年経った今も居室に祀られてあるのが目に入ります。訊けば、愛妻を納めるのにふさわしい場所はどこか、考えあぐねているとのこと。走井にある画伯の別荘を思い出した独潭は、その一郭が墓所としてふさわしい霊地であることを進言し、画伯はそれを受け入れ、走井に納骨すると約束します。

「そのかわり、おまえ、生きて帰っておいでや。無事帰ってきたら、女房を納めた走井を寺にするさかい、そしたら住職になってくれよ」

そう言って独潭を送り出しますが、それが今生の別れとなることを二人は知りません。昭和二十年二月二十六日、橋本関雪画伯は独潭の帰りを待たずに急逝されたのです。夫人の眠る走井に埋葬されました。

中国で拉致され、行方不明になった独潭が復員してきたのは、終戦の翌年の六月でした。

スパイ嫌疑をかけられあやうく銃殺されるところでしたが、処刑を目前にして、「何か言い残すことはないか」と情けをかけられ、往生際が悪いとは思いながらも「日本の粥《かゆ》が食べたい」と答えたがために、からくも命拾いをすることになったのです。ゆっくり食べて時間稼ぎをしている間に、「ちょっと待て、あれは従軍僧にすぎないから殺すな」という指令が届いたという、まるで芝居の一幕のような話です。拉致され、処刑をまぬがれ、重慶へ送られ、俘虜《ふりょ》収容所で五年間を過ごし、ついに帰還するまでの独潭の話は、また別の一冊が必要なほど長いものでした。

ともあれ無事で終戦の日を迎え、そのまま八カ月ほど重慶に留め置かれたあと、やっと帰国の途につきます。重慶から揚子江《ようすこう》を下って上海まで一カ月、上海から三日かけて博多に上陸したのが昭和二十一年六月二十二日。終戦から十カ月経っていました。

天龍寺の慈済院に戻り、いったん落ち着いた独潭は、復員から二カ月後に橋本家を訪ねました。ご子息に「先生の墓は」と訊ねると、「父は和尚の助言に素直に従い、走井に母の骨を納め、そのとき自分の墓も建てたのですから、住職になってもらわなくては」という返事が返ってきます。関雪画伯の願いどおり、別荘を寺にすることがそこで決まり、創建開山として迎えられた独潭が、別荘内の「小町百歳堂」でわらじを脱いだのが昭和二十一年の八月二十三日。関雪居士夫妻の戒名と院号にちなんで、山号を瑞米山、寺を月心寺としました。

月心寺を曹洞宗とも、臨済宗天龍寺派ともせず、単立寺院にしたのは、独潭が日本の宗派に愛想を尽かしていたためだろうと思います。

月心の庵主さん

「今日はお昼のお客さんが見えます」

走井茶屋（明治期の写真）
「大津市志」下巻より転載

料理の予約の入っている日は、独潭老師にそう伝えます。すると、老師はお客さまの邪魔にならないようにと、ニコニコ顔で出かけて行きます。どこへいらっしゃるのかは訊いたこともありませんが、もともと外出好きなかたで、どれほど不機嫌なときでも、よそへ出かけるとなるといつも機嫌がなおるのです。

もっとも、老師をニコニコさせる理由はほかにもありました。ユースホステルの天引き方式と同様に、昼の精進料理の料金、五千五百円のうちから五百円を老師にお渡しすることになっているのです。毎日、「五人泊まりました」で五百円、「十人お客さんしました」で五千円が老師の懐に入るのですから、気難しい老師の口元もほころぶというものです。

「庵主、気張ってやってや。おかげでようけ貯《た》まりました」

そう言われる私のほうは、自分の財布がふくらむわけでもないのに、ユースホステルと精進料理で獅子奮迅の働きです。老師の天引き分と材料費を引いた残りはすべて公金で、電気代から老師のお酒代に至るまで、生活費と維持費はそこから捻出しますが、老師は一銭も出さずに、我関せず――。それはそれで大した度胸だと感心します。実際、資金繰りについて一切口出しされたことはありませんし、私もまた、足りようと足るまいと、とくに報告もせず、たいていひとりで解決してしまいます。

ただ、精進料理を始めてまもなくの頃、茶道具店のおかみさんのすすめで一枚三千円の根来《ねごろ》の器二十枚をポンと買ったときは、老師もさすがに驚いたようです。「度胸のよさにこっちのほうがドキドキした」とやけに感心されましたが、私に言わせれば、根来の本膳をユースホステルの百五十円の朝食のために使う老師のほうがよほど大胆です。関雪画伯が月心寺に遺してくださった、今でいうと一式三百万円もするような器とお膳を、老師は平気でユースホステルのために使わせていたのです。根来だろうがなんだろうが、あるものを使えばわざわざ買わずにすむ、という発想は老師ならではのものですが、酷使されたお膳は見るも無惨に傷み、私が来てしばらくしてから、プラスチックのものにすべて買い替えなければなりませんでした。

私は例によって、「よう使うかわりによう儲ける子」でしたが、老師はその反対の、「よう儲けないからせめて使わんとこう」というかたでした。老師が中国から無一文で帰国されたとき、日本は混乱の極みにあり、お金のことではよほど苦労されたのでしょう。

お金の大切さを思わないわけではありませんが、財産を私有するという観念のない私にとって、あれはやはり天下の回りもの。ことさら執着しなくても、使うだけあればことは足りる。たとえ自分のところになくても、あるところにはある。とことん困ればそこから借りてくればいい――。それがいつからか身についてしまった私の金銭感覚なのです。もちろん、返せる自信あってこその借金であるべきとは思いますが、どういうわけかその自信もありました。

なにしろ、月心寺に来てみれば、足りないものだらけだったのです。たとえば老師の衣《ころも》や袈裟がありません。お葬式のあるたび、老師は前に住職をしていた慈済院から借りてくるのです。寸法の合わない借り着をひきずる老師より、お付きの私のほうがよほど上等なものを着ている始末――。

あるとき、国泰寺の管長の代理で老師がある要人の葬儀を務め、二百万円ものお布施をいただいたことがありました。務めたといっても、老師は座っているだけでお経を読んだのは私ですから、思い切って「そのお布施、みな私にください」と老師に迫りました。「かわりに老師さんの衣裳をつくりましょう」と言うと、締まり屋の老師もあっさり同意され、早速衣屋を呼んで上等の着物と衣と袈裟をつくらせたところ、お布施を全部はたいても足りないほどのお金がかかりました。

そんなふうにして、お金が貯まるそばから老師の身なりを整えていったのです。その次は傷んだ軸の表装、その次はお客さん用の座布団と、最低要るものを購《あがな》うだけで何年もかかり、いくら稼いでも右から左でした。

芳春院から遷《うつ》り住んだ当初はまだ出歩くことも少なく、ほとんど存在を知られていなかった私ですが、独潭老師に代わって棚経《たなぎょう》に出向いたりお年頭に出かけたりするうちに、私もすっかり「月心の庵主さん」で通るようになっていました。何より、「庵主さん」が来てからの老師の変身ぶりに目を瞠る人は多く、それがいきおい、私への興味へとつながるようでした。

一番驚かれたのは、高麗橋『吉兆』本店のおかみさんです。羊羹《ようかん》色だった老師の着物が漆黒にかわり、足袋は真っ白、草履かと見紛うほどみすぼらしかった下駄にはなんと、ちゃんと歯がついています。

「うちのキクノが『どんな尼さんや、私一回会いたいわ』て言うてるさかい、大阪へ来たらぜひ会うてや」

吉兆さんがそう言ってくださった矢先に、キクノさまが病に伏せられたのは哀しいことです。

同じ頃、吉兆さんのご母堂さまの三回忌があり、初めて大阪の『吉兆』をお訪ねしました。まもなく、キクノさまが逝かれます。ふたたび独潭老師に伴われ、お通夜のお経をあげにうかがったこの時期に、『吉兆』大主人湯木貞一さまとのご縁が始まったのです。月心寺に来た年の暮れのことでした。

以来、吉兆さんにはどれだけ親切にしていただいたかわかりません。月心寺の台所にふらっと立ち寄っては、気づいたことをさりげなく教えてくださいます。偉ぶるところのひとつもない、本当におやさしい、そしてとても楽しい老紳士です。

「お茶に凝《こ》りなや」と言ってくださったのも吉兆さんでした。

「何百万もする茶碗でたてた茶を喜ぶなんてばかげたことやで。わしらのようなばかを名づけて閑人《かんじん》というのであって、禅宗坊主はな、茶はたてて飲むべきものなりという利休さんの精神で、欠けてなければどんぶり茶碗でもいいのや。井戸の水を汲んでお湯をつくって、茶筅《ちゃせん》がなかったら庭の松葉を束ねてシャーッとたてたお抹茶を平気で出せるくらいの気迫を持った坊主になってや」

「茶席によばれたときは、主人が何も言わんうちから褒めんときや。どんなにいいお軸がかかっていようと、どんなにいいお茶碗が出ようと、そんなものはいやというほど見たというような顔して黙っていれば、向こうから一所懸命説明してくれるさかい。そしたら初めて驚いたような顔で、そんなええ器でしたか、言うてこれでもかというほど褒めといたらええ。そもそも自慢で出してきた道具や、言いとうて言いとうて、うずうずしてるのやからな」

何でも親切に教えてくださるばかりでなく、そのお話はいつもこんなふうに諧謔《かいぎゃく》味が利いていて、人間的魅力にあふれていました。

さて、ユースホステルと料理で経済は成り立つと踏んだ老師は、「小町百歳堂」の改修にかかることを決めます。河内松庵さんとも相談のうえ、庫裏《くり》と書院のある建物を私に任せて譲り渡すために、長らく使われていない小町堂を人の住めるように直して老師の居室とする計画が立てられました。老師はどこからか借金をしたはずですが、「庵主がおる限り、必ず返せる」という計算が頭の中ですでにできあがっていたにちがいありません。

いよいよ月心寺の経済が私の肩にかかってくる。これは大変だ。そう思い始めると、なにやら落ち着きません。私の放浪癖は治っていないようでした。

小町堂が完成したら、もういっぺん飛び出そう。

まだまだ生きていけるところはあるだろう——。

しかし、それを許さないひとりの老婆がいたのです。

数百年も前からこの庭のお堂に棲《す》む、小町という名の百歳の姥《うば》は、「行けるものなら行ってみよ」とばかりに、私の右腕、右脚の自由をとりあげてしまいました。

死の淵

それは、私の身体を六メートルも弾き飛ばし、家二軒の塀と軒先を打ち壊すほどの大事故でした。

「小町百歳堂《こまちももとせどう》」落慶を目前に控えた、昭和三十八年七月三十日のこと。

朝から忙しさに追われ、気づいたら午前中も終わろうとしていました。

私はふと、泊まりこみで修繕にあたってくれている大工さんが、冗談混じりに「お寺の食事は野菜ばかりでかなわん」と漏らしていたのを思い出し、せめて今日のお昼は焼き魚でも食べさせてあげようと、通用門を走り出ました。この時間は、出入りの八百屋さんが二軒先の家の前に小型トラックを停め、舗道で商いをしているのです。車体にもたれて塩鯖《しおさば》を指差し「これ二匹、六つに切ってえな」と声をかけると、反対側から「へえ、まいど」と親爺さんが包みを差し出します。それを受け取ろうと伸ばした手が空を泳ぎ、私の記憶はそこで途絶えました。国道一号線を暴走してきたダンプカーに跳ね飛ばされたのです。

瀕死の状態で診療所にかつぎこまれた私は、適切な救命処置により、かろうじて一命をとりとめました。もう少し手当てが遅れていたら、出血多量で絶命していただろうと言われるほどの大怪我を負っていたのです。

意識不明の重体がそのまま三日ほど続きました。そのときの私の呻き声を聞いて、はらわたをえぐられるような思いをしたとあとで聞かせてくれた人がありましたが、私には痛かったという感覚も、呻《うめ》き声をあげた記憶も残っていません。

覚えているのは、事故直後のふわ〜っと浮きあがるような感覚と、意識が戻って最初に発した「おしっこがしたい」という言葉、それからしばらくして、「うるさいねえ」と言ったことだけです。

面会謝絶にもかかわらず、病室にはいつも人の気配がありました。私の命はもって三日か四日だろうと思った人たちが、入れ替わり立ち替わりあらわれては何か言葉を交わしていたのでしょう。混濁する意識の中、聴覚だけは研ぎ澄まされ、囁き声はもちろん、衣擦《きぬず》れの音さえもが耳障りで堪えられなかったのです。

息をすることのほか、何ひとつ自力でできない私。九死に一生を得たことを喜ぶところまでいかず、たとえようのない苦しさだけが私を支配していました。身体を動かす力がないのはもちろん、その意志さえもなく、おいしいものを食べたいという欲求も湧いてきません。見舞ってくださる方に会えてうれしいと思う心の余裕はさらさらなく、ただひたすら静かに眠りたかったのです。

とぎれとぎれの意識の中で、私の瞳が初めて独潭老師の顔をとらえたとき、こんな言葉が私の口をついて出たそうです。

「私の不注意から、大変なご迷惑をおかけしました」

後日、老師は打ち明けてくださいました。

「二目と見られないあわれな姿になっていることも知らず、自分を轢《ひ》いた運転手への恨み言ひとつ言わず、おまえはまっさきにわしに詫びてくれた。日頃は男勝りできつい気性の庵主の中に、それほど素直でしおらしい心が隠されていたのかと胸が一杯になってな。どんなことがあってもこの子を助けてやらなきゃいけないとわしは思った……」

どうにか死線を乗り越え、事故から五日ほど経った頃、私は高折病院に移されました。院長の高折隆一先生は、橋本関雪画伯のご長女さまのご夫君でいらっしゃいます。また、月心寺の責任役員を務めてくださっている関係から、私の主治医を引き受けていただくことになったのです。

ある日、ふと目をあけると院長先生が私の枕元で一枚の紙をかざしていました。何やら字が書いてあります。

〈右手、右足を切断するが、よいか〉

覚えていませんが、私は「おまかせします」と応えたそうです。

それに先立ち、院長先生は独潭老師に相談していました。

外傷が相当大きく、出血が激しい。そのため心臓に負担がかかり、全身が衰弱している。このままだと危険です。化膿しているところを、今、思い切って切断すれば、義手、義足にはなろうとも、命は助かります。どうされますか――。

重大な判断を迫られた老師は愕《おどろ》き、あれはわしの子ではないのやから、親に訊いてください、と応えたそうですが、下駄を預けられた私の親もまた、あれは九つから手放しておりますから、私どもの一存では決めかねます、どうぞ本人に訊いてください、と応えたそうです。誰もが結論を下すのを避けたがために、同じ質問が半分意識のない私のところにまわってきたというわけです。

のちに院長先生は、「あのとき『おまかせします』と言ってよかったね」と茶目っ気たっぷりの笑顔でおっしゃいました。

「庵主さんがもしも『いややあ〜』と叫んだら、その言葉を聞くなり僕は『いやや言うても、早《はよ》う切らないと腐るのや』言うて、パーンと切っちゃったかもわからんね。

外科医というのは切って治すものやと思うてるさかいな。けど、『おまかせします』言われてな、まかされたのならもうちょっと待とうか、という気になったのや」

それからが奇跡で、上がりっぱなしだった熱がその日から下がり始め、傷口は日に日に乾いていき、命の危険はみるみる遠ざかっていったのです。

「いつでも切れるのだから今切らなくても、と思っているうちに、元気になってきてほんとによかったな。もう少し体力がついたら、骨をつなぐ手術をするよってに」

生還

手術を受けたのは事故から三週間後のことです。

四時間くらいで終わるだろうと聞いていましたが、病室に戻って時計を見ると、手術台に上ってから七時間が経過していました。骨は木《こ》っ端《ぱ》微塵《みじん》に砕けており、レントゲンで診断した以上に難しい状態だったそうですが、「うまく継げたから心配いらないよ」と優しく声をかけてくださる院長先生の笑顔に不安も薄らぎます。

手術室の前で待っていてくださるはずの独潭老師の姿がありません。しばらくして病室に顔をお見せになるや、「先生から経過を聞いたよ。うまいことすんだそうでよかったな」と微笑まれました。予定の時刻を過ぎても一向に手術室から出てこないので、心配のあまりじっとしていられなくなった老師は、ふらふらと鴨川まで出かけ、三条大橋の上から病院の方角に向かって『延命十句経』を黙唱し続けていたそうです。

身体じゅうに巻かれた包帯は、濡れていたのがすっかり乾いて亀の甲羅のようにカチカチです。「庵主さん、それはギブスというのや」と付き添いのおばさんが教えてくれます。白い甲羅から出ているのは首から上と、左腕、左脚だけで、身じろぎひとつできません。これがギブス？　へえ、ギブスってこれなの。老師が安心して帰られたあとのそんな他愛もない会話は、せいぜい二十分続いたかどうか――。

突然、息が止まるほどの激痛が右腕の付け根に走り、心臓を突き破るような衝撃を受けました。麻酔が切れたのです。

それから三日三晩、「痛い」と声をあげることさえできないほどの激痛に、ただ脂汗を流して耐えねばなりませんでした。

こうなると、もう、吐く息ひとつ、吸う息ひとつが一仕事です。いつのまにか私は、助けて……助けて……と心の中で叫んでいました。助けを求めた相手は誰あろう、高源寺でお経を教えてくださった隠居さんです。

隠居さん、痛い、隠居さん助けて……。

痛かったら『延命十句経』を唱えや、隠居さんも一緒に唱えたげるさかいに。小ぼん、負けんときや……。

私の意識は、小学校を出たばかりの小ぼんに戻ってしまったようでした。

かと思えば、意識の底から次々とおぞましい想念が湧き起こり、痛みよりも恐怖が私をとらえようとします。昼も夜も悪夢に襲われ、悪夢にうなされているその間だけ、絶え間なく続く痛みを忘れることができました。

術後のこの苦しみに較べたら、死線をさまよっていたときのほうが本人にとってはどれほど楽だったかしれません。限りなく死に近づいてゆくとき、人は苦しむエネルギーすらなくなるのでしょうか。

そう、あれは、生きるための闘いだったのです。

生まれてくるために、危険を冒《おか》して自力で産道をくぐり抜けなければならない赤ん坊のように、私は全身の力を振り絞り、再生に伴うすべての苦しみを乗り越えようとしていました。

「庵主さんに鏡見せんときや」

術後の回復も順調で、仰向けに寝ていることにそろそろ退屈を覚え始めていた私は、誰かがそう言うのを聞いて急に興味が湧きました。さて、どうやって鏡を手に入れよう——。尼の私は鏡を見る習慣がありませんが、女の人は普通、ハンドバッグの中に鏡のついたコンパクトをしのばせて、ときおり化粧を直したりするものだということくらいは知っています。月心寺の二軒東に住む吉野さん——私は親しみを込めて〝おかあちゃん〟と呼んでいます——が病室に来てくれたとき、こう頼んでみました。

「おかあちゃん、ハンドバッグ見せて」

「このハンドバッグか？　元気になったらあげような」

誰もが、三十九歳で死にかけている尼を不憫に思っているので、私の言うことなら何でも聞いてくれるのです。

「いや、くれんでもええから、ちょっと見せて」

バッグを受け取り鏡を見つけ、それをのぞきこんだとたん、私は声をあげました。四谷怪談のお岩さんどころではありません。縫った傷が盛り上がり、まぶたが腫れ上がり、唇が歪んでいます。あちこちに痣《あざ》ができ、それぞれナスビ色やピーマン色やトマト色を呈し、それはもうにぎやかなものでした。

それでも、私のエネルギーは今や一心に生きることへと向かっているので、そのくらいのことを気に病んではいられません。落下し続けた何かが底を打ち、浮上を始めたかのようでした。どれほどの難関が待ち受けていようとも、人は浮上の過程にある限り、それを辛いとも思わず乗り越えていくことができるのです。

それだけに、親しい尼僧が心配と悲しみのあまり、

「庵主さん、こんな姿になってしもうて……私やったらよう生きてへん。死んだほうがましやと思わへんの」

と泣くのを聞いて、猛然と腹が立ったのです。

思わず私は「何言ってんだッ」と一喝しました。

「お医者さんは治してやろうと思うて一所懸命手当てをしてくれはるし、みなさんは私を元気づけよう思うてこの暑さも厭《いと》わず見舞いに駆けつけてくれはる。なんとしてでも私はこれを乗り越えて、元気にならんかったら申し訳ない思うてるのやで。死にたいなんて夢にも思ったことないッ」

心の底からそう思っていました。

「生きているということを、今度ほど不思議に思うたことはあらへん。これほど多くの方々のご厚意を受け、これほどそれをありがたいと思ったこともあらへん。自分で息をしているのではなくて、息をさせていただいているのや。今の私にはそれがわか

る。ただ息をしていることの素晴らしさが、やっと私はわかったのや」

生きているのではなく、生かされている。だとしたら、いったい誰によって？　どんな力で？

生かされた私の中に、私を生かそうとした存在を畏怖する心が生まれていました。

世の女性たちを熱狂させた「海老《えび》さま」こと九代目市川海老蔵が、十一代目市川団十郎を襲名して世間の話題となったのは、私が入院する前年のことです。

ある朝早く、院長先生が病室に顔を出されて言いました。

「今日はこれから御園座に行って、団十郎の『助六』で三味線弾いてくるのや。帰ってきたら団十郎の載ったプログラムをあげるさかい、賢う寝ててや」

院長先生は河東節《かとうぶし》をなさるので、ことあるたびに京都の南座や名古屋の御園座に出かけて、御簾《みす》の向こうで三味線を弾かれるのです。

「それはそうと、だいぶようなったな。ここまできたら、あとは放っておいたらひとりで治るよ」

院長先生の笑顔に、私の顔も自然とほころびます。

「ひとつ頼みがあんのやで」

思わず私は先生を見つめ返しました。

「舞台には花道があるやろ。団十郎があそこから出てくると、パーっと大輪の花が咲いたように劇場じゅうがええ雰囲気になんのやで。坊主だって、相撲取りや役者と同じ、一種の人気商売やと僕は思うてる。せやから、花道に出てきたとき、まわりをパーっと明るくさせるような尼さんになってほしいのや。自分が出ていくと、みんなの楽しいおしゃべりがピタッと止まるようなことではあかん。せっかく命拾いしたのやから、そんな氷の柱のような尼さんにだけはならんといてな。華のある人というのは、そこにいるだけでまわりの空気をはんなりと、あったかくさせるような存在を言うのや。そういう尼さんになってくれたら、治してあげた甲斐があるというものやろ」

月心寺に来ていなければ、事故にも遭わなかったかわりに、こんな素晴らしい先生や、こんな素晴らしい言葉と出会うこともなかったでしょう。

入院中、円山蒼谷には、手紙一本出しませんでした。

それでも事故のことは桂にも聞こえていたようで、動けない老師の代わりに芳村さんが訪ねてくださり、老師からことづかった五万円ものお見舞いを置いていかれました。当時としては大金ですが、入院となると物入りだろうから持っていってやれと、いつになく強い調子で言われたそうです。芳村さんはそれから月に一度くらいの頻度で来てくださるようになりました。「わしに代わって見て来てくれ言わはるから、ちゃんと見て報告せんならんやろ」という言い方に、いかにも芳村さんらしいひねりの利いた気遣いが感じられ、ありがたく、そしてなつかしく思いました。

月に一度は桂を訪ねていた私ですが、これから先、老師と会うことはもうないと心に決めていました。変わり果てたこの姿を、老師にだけは見られたくなかったのです。

夏の盛りに事故に遭い、秋から冬へと季節は巡り、月日はあっという間に流れていきます。

病院のベッドで寝たきりのまま年を越し、春を迎える頃、どうにかつかまり立ちができるようになりました。やっと伝い歩けるようになったのは、入院して九カ月目のことでした。

ご破算

生死の境を乗り越え、痛みと闘い抜き、九カ月の入院生活を終えて最初に思ったことは、「ああ、高源寺のあの厳しさがなかったら、よう生きていけなんだろうなぁ」ということです。

学林に行く前の、九歳から十四歳までの五年間。そして戦中、戦後の食糧難の時代。命を削るような毎日を私は生き抜いてきた。右手、右脚が動かせなくても、きっと生き抜ける――。

生きることの厳しさを見事なまでに私に叩き込んだのは、誰あろう、あの師匠でした。反発しながらも生き抜くことで、私は知らぬ間に力を養い、その力を身内に蓄えていたのです。あの時期に培《つちか》われた私の強さが、のちの自分をどれだけ助けているかということを、私は大きな困難に遭って初めて知ったのです。

高源寺時代があってよかった。

殺してやりたいとまで師匠を憎んでいたあの頃、こんなふうにふりかえる日の来ることを、夢にも思ったことはありませんでした。

轢《ひ》かれる寸前まで逃げ出すつもりでいた月心寺に、今度は簡単には飛び出せない体となって、私は舞い戻ってきました。

月心寺に来てからの二年間で、すっかりものにしたつもりになっていたお茶も料理も三味線も、事故を境にすべてご破算です。自慢のお習字やお裁縫の腕前も、もう活かせません。それまでの何十年間で身につけたのは、読経以外、すべて手先の器用さを必要とすることばかりだったというのは、なんとも皮肉な話です。

退院した私を待ち受けていたのは、〝日常生活〟というものでした。私の右腕と右脚は、二度と私の意志どおりには動いてくれなくなりましたが、そんなことはおかまいなしに、お腹も空けば、お手洗いにも行きたくなります。

月心寺に戻ったその日、初めて「お手洗いに行きたい」と言ったとき、老師は私を置いて、大急ぎで〝吉野のおかあちゃん〟を呼びに出ました。

「庵主がおしっこしたい言うてるから、何とかしてやってくれ」

早速駆け付けてくれたおかあちゃんに支えられ、立ちあがった瞬間、ジャーと音を立てて小水が迸《ほとばし》りました。そのとたん、おかあちゃんは声をあげて泣き出し、「この子がかわいそうやないか」と泣きながら老師をなじったのです。

「なんや、ええかっこばっかしてからに。怪我した子がおしっこしたい言うたらな、そんなもん恥ずかしいとか恥ずかしくないとか言うてる前に、ともあれおしっこをさしてやることとや。バケツ持ってきてやるだけでもよかったやないか。かわいそうに、やっと私が来て一歩歩かせたとたんにもうしてしまって――。老師なんて言われて偉そうにしとっても、人間としてはどうしょもないわ」

そうはいっても、こんなとき頼りになる男性は今も昔もざらにいません。まだ昭和三十年代、そのうえ明治生まれの坊さんとなれば、なおさらでしょう。大阪の『長幸』のおばちゃんが「手元においで何でも手伝ってもらい」と言って、二十代の〝とよちゃん〟を差し向けてくれたのは、そんなことがあってからです。六年間月心寺に住み込んでくれた伊藤豊子さんとはそれ以来の長いおつきあいが続いており、私が安心してお願いできる包丁の使い手のひとりとして、今も月に何度か、精進料理の手伝いをしていただいています。


私の再出発は、左手一本から始まりました。

退院後、独潭老師にお粥を炊いていただいたのは、最初の三日間だけです。日常生活に伴う最低限の動作ができるようになるまで、そのくらいの時間が必要だったのだと思います。

まず、ガス台の前に椅子を置いてそこに座り、マッチ箱を口にくわえました。左手で取り出したマッチ棒を口元で擦《す》り、火のついた軸をガスの火口に置くや、間をおかずに同じ手でガス栓を開けます。そのタイミングがなかなか合わず、失敗を繰り返しながらも、何度目かにパッと火が点《つ》きました。

「なんとまあ、どうするかと思ったら、うまいこと火ぃ点けるもんじゃなあ」

気になって台所まで様子を見にきていた老師が、感嘆の声をあげました。

今度は流しにやかんを置いて、左手で水道の蛇口をひねって水を溜めます。先に火を点けておいたコンロにそれを乗せれば、お湯を沸かせるのです。

練習に練習を重ね、三日でそこまでできるようになったとき、私は各方面に電話をかけて叫びました。

「ガスに火がついたよ！　お湯が沸いた！　お湯が沸かせれば、お粥も炊ける、おつゆもできる、誰かに切ってもらえばおかずも炊ける！」

それは、かつて経験のないほどに純粋な喜びでした。左手でマッチを擦ることも、片手でお湯を沸かすことも、すべてが生まれて初めての体験です。両手があれば何でもないことも、私にとっては驚きと感激の〝新発見〟になりうるのです。

病院で仰向けのまま人に食べさせてもらっていた私が、初めて自分の手でうどんを食べたときも、同じような感動がありました。手づかみにしたうどんを汁につけてチュッとすすりあげただけのことですが、そのときのおいしさは生涯忘れられないほどです。

ついに自分の左手で箸を持ち、自分で食べ物を口に運べるようになったときの嬉しさときたら、もうたとえようもありません。二十日間余りの時間がかかりましたが、簡単にはいかないからこそ、うまくできるようになったときの喜びは大きいのです。左手で茶碗を持てば箸が持てない私にとって、茶碗を卓に置いたまま食べることが正式な作法となりました。

次に挑んだのは、字を書くことです。机の上に紙を置いて、動かないように端を鋲《びょう》で留めました。まっすぐに置くよりも、斜めに置いたほうが書きやすいと気づくまでには試行錯誤が必要でしたが、ともあれ、鉛筆で「村瀬宗清」と書いてみたら、一応文字が書けたのです。うまいへたは抜きにして、左手でも字は書けるということ。どれだけ時間がかかろうとも、読める字にはなったということ。それがどれほど大きな自信につながったことかわかりません。

もちろん、お習字を教えていた頃とまったく同じようにはいきませんが、世の中とは不思議なもので、左手で書いてみれば、「右手のときよりも深みがあっていい」などとおだててくれる人があらわれるのです。そんなことから墨蹟に力を入れるようになり、展覧会もよく開くようになりました。怪我する前にはなかったことですから、おかしな話です。

こうして次々といろいろなことに挑戦しては、「できた！」「やれた！」と無邪気に喜ぶ日々が続き、これまで味わったことのない充実感が私の心を満たしていました。左手だけでできることがひとつずつ増えていく喜びは、多くのものを失ったマイナスをすべて帳消しにするほど大きかったように思います。

身体障害者となったからこそ得られた自由——などと言ったらおかしいでしょうか。たしかに、右手右脚が動かなければ「自由」とは言えないでしょう。けれど、私にとって大事なのは、「不自由ではない」ということでした。

事故以前の私が何でもできたという事実は、今や夢の中の出来事のように遠く思われます。今、ここにいる、左手一本の私こそ本当の私で、その私にふさわしい新しいやり方で何かを修得していくことは、新たな自由を得ることにほかなりません。自分の思うようにならないことを「不自由」と言うのだとしたら、私は決して不自由ではないのです。

「小町百歳堂」のミステリー

私が交通事故に遭ったのは、「小町百歳堂」の改修工事があと数日で終わるという時期でした。

何度も言うように、私は小町堂が完成したら、また飛び出そうと考えていたのです。だからあの事故は、私の目論《もくろ》みに気づき、それを快く思わない何者かによって仕組まれたものにちがいない――などと言えば、やはり人は嗤《わら》うでしょうか。

〝何者か〟とは、小町のことです。正確に言えば、月心寺庭園内「小町百歳堂」に安座している、「小野小町百歳像」のことです。美人の代名詞ともなっている平安歌人、小野小町には、謡曲『関寺小町』にも謡われているように、老いて逢坂山に遷《うつ》り棲み、百歳まで生きたという言い伝えがあります。その伝説をもとにつくられたのがこの像で、鎌倉期の運慶作とされています。

そもそも「小野小町百歳像」は逢坂山の関寺にあり、江戸中期にそれを贖《あがな》ったのが走井茶屋の初代でした。茶屋の所有となった小町は、茶屋の敷地内に建立された「小町百歳堂」に祀られ、以来ずっとこの地を離れずにいるのです。

橋本関雪画伯が最初に走井を訪ねた目的も、茶屋旧跡ではなく、小町像にあったとうかがっています。道具屋に伴われて茶屋旧跡を訪れた画伯はしかし、小町像を買って帰ることができませんでした。小町像がどうも運慶作とは思えず、あてがはずれたような気がしたことや、むしろ、明治天皇が東京行幸の際にご小休《しようきゆう》されたという建物のほうに惹《ひ》かれたことなどが、画伯の著書にはしるされています。小町像はさておいても、明治天皇ご小休の建物や、相阿弥作と伝えられる庭園を、このまま荒れるにまかせておくのは忍びない。万難を排して保存の道を講じなければならない——。画伯は結局、走井茶屋旧跡全体を手に入れることに決め、小町像はそこから持ち出されることなく、慣れ親しんだ土地に留まることとなったのです。

私なりの言い方をさせていただければ、小町を買おうとした関雪画伯は、逆に小町に買われたということになります。画伯に旧跡をまるごと買わせることで、自分はがんとして動こうとしなかった小町は、とてもわがままで、がんこで、しぶとい婆さんなのです。私の出奔《しゅっぽん》を阻止するくらいのことはやりかねません。

小町にしてやられた、と気がついたのは、退院してしばらくしてのことです。

ある日、八幡の走井餅の主人が突然私を訪ねてきました。

「水月の若はんが、うちの発祥の地に来てはると聞きまして……」

前にも触れましたが、現在月心寺となっている場所は、走井餅本舗発祥の地で、東海道線開通以降に餅屋の本家は八幡に移っています。八幡から訪ねてきたその人は、こう続けました。

「庵主さん、大きな怪我をしはったそうで、本当におめでとうさん」

退院おめでとう、ではなく、怪我をしておめでとう、です。

「なんちゅうこと言うの」

さすがの私も仰天して、死ぬか生きるかの目に遭わされ、身体障害者にまでなった私に、おめでとうはないでしょう、と少し中っ腹で応えました。八幡ではお習字の先生だったけど、今では教えることができないし、せっかく覚えたお裁縫だってもう活かせないというのに——。

餅屋の主人は、そんな私の訴えなど意に介さぬ風で、「よろしいがな」と余裕の笑みを浮かべています。

「だいたいな、小町堂の小町は血を見ることが好きでな」

言われてみれば思い当たるふしがあります。月心寺住職として迎えられた独潭老師は、最初、小町堂でわらじを脱いだと書きましたが、その後、すぐに喀血《かっけつ》して入院しています。そして、今度は私の交通事故——。

「小町は血を見るのが好きでな、娘が三人おったらいちばん大きな怪我をした子に継がすと、よくお店が繁盛するという言い伝えがありましてな。そうしたら、八幡に八年もいてくれはって、うちにも毎月お経に来てくれはった庵主さんが、うちの発祥の地に行かれてから自動車に轢かれて大きな怪我をしはったと聞きまして。で、今も月心寺にいやはると……。これはもう、庵主さんが月心寺の後継ぎに決まりやわ、早速お祝いにあがらなければ、ということで今日参りましたのや」

「へえ、そんな言い伝えがあるの」

「あんた、水月においやすとき、うちの餅を包んである紙に『百歳堂』と判を押してあるのを見て、『この百歳堂というのはどこにあるの？』と訊かはったですやろ」

そういえばそんなことがありました。そのお堂は大津の月心寺にあって、そこに「小野小町百歳像」が祀ってあるのだと、餅屋さんは私に教えてくれたのです。

「そのとき、『じゃ、その小町にいっぺん会いたいわ』って言わはったの、覚えてはりますか？」

それは覚えていませんでした。のちに月心寺をあずかる住職になろうことなどつゆ知らず、そんなことを口にしていたとは本人でさえ驚きです。「そんなこと言ったかな」と首を傾げている私に、その人はこう畳みかけてきました。

「そうどすよ！　そやから庵主さん、会うも会わんも、今じゃこうして小町のそばにべったりいはるんですやろ。小町にえらい気に入られて、あんさん、この寺もらったようなものとちがいまっか」

この台詞《せりふ》には聞き覚えがありました。そう、八幡の大将です。

「八幡の人はおもしろいこと言うね」と、私は苦笑いで返しました。

「独潭老師にお仕えするというお話をいただいたその日、戸惑う私に『はよ行け、その寺取ったといっしょやないか』と言ったのも八幡の人でしたけどな、こんなにちんばでぎっちょになっては、このあとを継いだも同じといって、そんなにいいことやろか。維持するだけでどれだけ大変や思う？」

――私を捨てて、行けるものなら行ってみよ。

――腕が砕け、足が折れても行くというのなら行ってみよ。

どこからか、小町の声が聞こえてくるような気がしました。

餅屋さんの予言どおり、私はのちに月心寺を継ぐことになるのですが、そんなふうな目で見れば、八幡にいたことも、月心寺に来たことも、怪我をしたことも、すべてがそこにつながっているかのように思えてきます。だとしたら、小町と私の勝負も最初からついていたのかもしれません。

小町百歳堂

精進料理の明道尼

左手一本からの再出発は、私に発想の転換をもたらしました。たとえばお風呂で使った手ぬぐいが、左手だけでは絞り切れません。それなら手ぬぐいは濡らさないに限るということです。

着物の紐が結べないので、左へひっぱりながら胴に巻きつけ、きつく巻かれた紐の間に紐の端をキュッとはさむ。果物《くだもの》は左手だけでも皮がむけるバナナやみかんにして、包丁が要るものは皮ごと齧《かじ》るか、それがいやなら口にしなければいい。被布やコートのようにホックで留める衣類は手に負えないので着ないことにする——。新しい作法の発見によって、それまで隠れていた潜在能力が掘り起こされ、左手が両手に代わって自由の感覚を取り戻し始めたかのようでした。

そんなある日、退院して初めてかやくご飯を炊いてみました。ひと口食べて、驚きと失望を覚えました。事故に遭う前と、全然違う味になっているのです。

自分がいただく味噌汁のわかめくらいは切ることができるようになっていましたが、私には皮をむいたり細かく刻んだりができません。そのため、材料を刻むのだけは人に頼みましたが、味付けも手順もすべて以前と同じにしたつもりなのに、どうしてこうも味が違ってしまったのでしょう。私の舌が変わってしまったのだろうか。あの味を忘れてしまったのだろうか。いや、そんなはずはない。それならどうしておいしくないんだろう。どうやったらあの味を再現できるんだろう——。

　私の探究心に再び火がつき始めました。と同時に、自分が新たなスタートラインに立ったことを自覚しました。

　結局、味の違いは刻み方の違いによるものだと気がつきました。見た目には同じように見えても、繊維に対してどの角度で包丁を使ったかによって、味が違ってくるのです。それは、これまで私が直感的に行なっていた事柄を、言葉によって確認しなおした最初の体験です。おかげで私は、人の力を借りて何かをつくりあげるためには、自分ひとりでやるのとはまた別の能力が要ることを知りえました。左手による料理修業はそこから始まっていったのです。

　いったい私は、いつ頃から人に知られるようになったのでしょう。私のことを昔から見てきた人たちさえ、どうしてだろうと首を傾げますが、この私自身にもさっぱりわかりません。

月心寺に来てからの二年間は、私の中にもまだ、若さゆえの客気《かっき》や山っ気や、自己顕示へとつながりかねない欲求が残っていたような気もします。けれど、怪我をしてすべてがジ・エンドとなり、それからは自由のきかない身体を支えるのに必死でその日その日を生きてきただけなのです。むしろその頃から「精進料理の明道尼」として人の口の端にのぼるようになっていくのですから、人生とは謎だらけだと、私は言いたくなるのです。

月心寺は宣伝をしたこともなければ、パンフレットひとつありません。せいぜい、住所と電話番号を印刷した箸紙があるだけです。どこで知るのか、わざわざ向こうから来てくださるとおっしゃるので、こちらは「お待ちしています」と、ただ受けて立つのみ。お迎えする私も、気性が気性ですから、お愛想ひとつ言えるわけでもありません。そんな私をおもしろがってくださるかたがあるなら、もう一方には失望されるかたもきっといらっしゃるはずです。ありのままの私に何を感じられようと、それはそのかたにまかしておかなければしかたがありません。

瀬戸内《せとうち》寂聴《じやくちよう》さんが出家されてまもなくの頃です。突然今東光《こんとうこう》さん、今日出海《こんひでみ》さん、里見弴《さとみとん》さんら、数名の作家先生が訪ねていらしたことがありました。年もおしつまった十二月の下旬です。

ご飯を食べさせてほしいとおっしゃるのですが、聞けば、寂庵に行くつもりが当てがはずれたので、こちらへ寄ったということでした。文士らしい遊び心で、「寂聴の〝その後〟を見に行こう」とふいに思い立ち、京都へ着いてから電話をかけたそうです。ところが寂聴さんは風邪で何日も寝込み、やっと起きたところだという返事。それならこれから月心寺に行ってみようじゃないか、ふいの来客にほんまもんの尼はどう対処するのか試してみよう、という話になったというのです。

「頭も剃っていないこんな姿ではお目にかかれないと寂聴は言うけれど、庵主さんも頭の毛、だいぶ伸びてるな」

先生たちは満足気に笑っておいでです。

「庵主さんはいつ頃剃るんですか」

「あ、頭の毛？　これ、お正月の直前までこのままです」

「やっぱり毛が伸びてたら、私に会うのいやですか」

「いやでも先生来ちゃったやないですか。それに、私のように九つで剃ってるとあまり色気が残ってへんからな。こないだまで頭の毛があった人が、久しぶりに先生たちに会おう思うたら、そりゃきれいに頭剃って、ええ衣に着替えてと、そう思わはっても無理ありません。

すぐ火鉢に火を入れますから、ここで飲んでいてください。もらったウィスキーがあるけど、それでいいですか。米はかして（研《と》いで）あるさかい、一時間くらい待っておくれやっしゃ、そのかわりあり合わせでっせ」

お客さまというものは、ふいに見えたら、ふいに見えたでそれもまた楽なのです。

永六輔さんが訪ねていらしたのも突然でした。やはりなぜか年の瀬です。車が止まる音に気づいて出ていくと、降りてきた男の人が、「僕、永六輔と言います」と自己紹介しながらこちらに歩いてきました。どういうわけか晩まで旅館を追い出され、食べるところも見つからず、ひとまず乗ったタクシーの運転手さんから「月心寺なら食べさせてくれる」と聞いてやってきたのだというので、そのときは六輔も八輔も知らない私ですが、「わかりました」と小町堂にお通ししたのです。

「うちかて年の暮れで大変なんです。こっちの建物は大掃除してる最中やから、小町堂の囲炉裏に今、火入れるさかい、そこでちょっと待っててください」

お連れは黒柳徹子さん、伊丹十三さん以下、六人ほど。例のごとく、いただきものやありあわせの材料でつくった料理をみんなで囲み、慌しくも、思いがけずにぎやかで楽しい年の瀬となりました。

それ以来、永六輔さんとは大変親しくしていただくようになりました。ある朝、南座の切符を買う行列に並んでいると、独特の甘えた声で「庵主さん」と呼ぶ声が聞こえた気がして振り返れば、六輔さんでした。テレビの取材に来ているのだと言います。

「庵主さんでも切符を買いに並ぶんですか」

「どうして？」

「庵主さんなら誰かえらい人に声をかければ、電話一本で一等席とってもらえるでしょう。あれ、庵主さん、三階席？」

「そうや。いつも三階の一番上から大向こうかけるからな。何も高い一等席で観んかてえぇやないの。三階席は高い場所やけど、料金は低いのやからな、ハハハ」

そんな会話が生中継でそのままお茶の間に流されているとはつゆ知らず、夜になってから「今日、庵主さん顔見世行ったんでしょう」という電話がじゃんじゃんかかってきて目を白黒させたこともありました。

白洲正子さんが訪ねてこられるようになったのは、清水坂にある旅館の『佐々木』

がご縁です。

独潭老師が『佐々木』の先代と昵懇《じっこん》で、先代が亡くなったあとも女将とはおつきあいがありました。一方、『佐々木』は吉田茂首相が京都へ見えたときの定宿で、白洲さんは、ご夫君の白洲次郎さんが首相の側近を務めていらした関係から、やはり『佐々木』を定宿とされていたのです。『佐々木』の女将から「逢坂山にごま豆腐をじょうずにつくる尼さんがいる」と聞いて、人数を集めて訪ねてきてくださったのが最初でした。

話し方や物腰が男の人のようにきっぱりしていて、どこか日本人離れした印象がありました。たとえば、家の中でも帽子をかぶったまま。ろくに頭も下げずに「ああ、ごきげんよう」。畳の上でも、椅子に腰掛けて足を組むのと同じような格好で、でかっと座る。それがすべてさまになっているところがすごいのです。日本女性が半端にやれば、ただ「お行儀が悪い」と謗《そし》られて終わることも、白洲さんがやると、惚れ惚れするほど格好がいい。それでいて、日本のことをこれほど深く理解する女性も珍しく、話していると、白洲さんほど純粋な日本人はいないようにさえ思えてくるのです。才女であることに間違いはありませんが、そんなことは白洲さんの属性のほんの一部にすぎなくて、男であるとか女であるとか、日本人だとか何歳だとか、そういうことを超越した不思議な魅力を放っている方でした。

いつ、どんな人がふいに現れようと、あまり動じることのない私ですが、吉兆さんがお越しになるときに限って、味付けに失敗したものです。そのほとんどが味見のしすぎによる失敗でした。無心ということがどれほど大事かと、あらためて思い知らされます。

「明道さん、塩忘れてんとちがうか」

「ご主人が悪いです」

「なんでや」

「独潭老師がおいしい言うのを聞いて、わしもそれを食べたいなんておっしゃるから、特別おいしいにしよう思うあまりこんな味になりました」

「そうか、気ぃつこうてくれてすまんな。しかし辛いやつはどうにもならんけど、うすいやつは塩か醤油さえもろたら事足りるさかいええわな、ハハハ、ちょっと醤油おくれ」

あるとき、「ようこんだけ、馬が食べるほど仰山出すな」とあきれていらしたので、次にお越しになったときは、気をつけて量を控えました。

「今日は馬の食うほど出してくれへんのか」

「多すぎる言わはるので控えました」

「わしはまた、月心寺に明日行けば馬の食うほど出される思うて、昨日の晩から食控えてな、仰山出るのを楽しみにしてきたのや。まだお勝手に残ってるのかいな」

「はい、あります」

「そんならいつものとおり、馬の食うほど出しいな。ここへ来て、吉兆の延長みたいにちょこっとつけられたらさみしいな。やっぱり月心寺はがーんと仰山出てくるところが月心寺や。にぎやかのほうがええ。

こないだはいらんこと言うてごめんな。今度からわしが何言うても忘れて、月心寺は月心寺の行き方で行きや。決して吉兆の真似はしなや」

後先になりましたが、私が「明道《みょうどう》」と名乗るようになったのは、吉兆さんとお会いしてからのことです。

そもそもは、水月寺の住職を継ぐことが具体的に決まった頃、円山蒼谷が「住職になるなら号が要るだろうからこれはどうか」といって、ご自分の僧名をくださったのが明道です。〝めいどう〟と読むその号は、結局水月寺を出奔して使わず終いで、そのあとも名乗る気はありませんでした。

吉兆さんに初めてご挨拶をさせていただいた折り、号を訊ねられたのでお教えしたところ、「宗清さんよりそっちのがええなあ。〝めいどう〟ではなく、〝みょうどう〟さんにせえへんか」と勧められて、仰せのとおりにさせていただきました。

清子、宗清、祖潤、明道――。ふりかえれば、改名とともに何度も転機を迎える変わった人生ではあります。

解放

一度は死の淵をさまよいながらも、私は生かされました。生かされたことへの感謝と畏怖の念は、日に日に強まっていきます。新たに与えられた生を全うするために精一杯の日々は、私に過去へのこだわりを忘れさせたはずでした。ひとつだけ残っていたのが、円山蒼谷への思いです。

最後に会ってから、どれだけの月日が経ったでしょうか。

これが今の私の姿、これが今の私の生き方、どう思われようとかまわない。誰に対してもそう言い切れたはずなのに、円山蒼谷ひとりが例外でした。

彼にだけは、「あわれやなあ」と思われたくない。

彼にだけは、この変わり果てた姿を見られたくない。

いちばん会いたい相手だからこそ、もう会うまい、と思うのです。老師が私のもとにどれほどお使いをよこし、何度呼び出しをかけようとも、会いに行くのはおろか、手紙の一本も書きませんでした。そうして音信不通の五年間が過ぎていったのです。

ある朝、何の前触れもなしに、その知らせはやってきました。

「老師が亡くなった」

電話の声は神戸の寺にいる法友です。

「ありがとう」

知らせをくれたお礼を言い、安らかな死かどうかを知りたくて、死因を訊ねました。

「言いにくいけど事故死や」

白内障で入院中、ベッドから転落、看護婦さんがかけつけたときは絶命していたそうです。「眉間《みけん》に深い傷があった」というその言葉を、私はどんな思いで聞いたのか、あまりよく覚えていません。

――老大師、やっとゆっくりお話しできますね。

お骨と対面した私は、やっと二人きりになれたと思いました。それは不思議な感覚でした。骨を見たとたん、老師の存在が私の胸の中に飛び込んできたのです。

老師に対して抱いていたのは、愛《いと》しさばかりでなかったはず。心の奥底には悔いや恨みといった負の感情も渦巻いていたはず。それなのに、その存在をもっとも身近に感じている今、私の心を占めているのは再会の嬉しさだけです。

——一歩も歩けなかったこの九年間、さぞかしおつらかったでしょう。ああ、嬉しい。あなたも楽になられたでしょうが、私はもっと嬉しい。あなたが死んで私はこんなにも嬉しい。

おかしなことに、私は安らぎを感じていました。ひとりの男性として円山蒼谷を意識し、特別の感情を抱くようになって以来、それは初めて味わう安心感でした。

——あなたはもうどこへも行かれへん。まちがいなく私のもんや。これからはあなたと何をしゃべろうと、どう戯《たわむ》れようと、誰に遠慮することもなくなりました。さあ、一緒に月心寺へ戻りましょう。

洞ヶ峠のあの晩から、十一年の歳月が流れていました。

人を恋いうることも知らずに三十二年間生きてきました。その私を揺さぶり起こした相手は、私に愛し愛されることの歓喜と、決して一緒にはなれないという煉獄《れんごく》の苦しみを同時に与えました。お互いがお互いにとってかけがえのない存在であるという事実を知ったほんの数カ月後にその人は病に倒れ、無償の愛に触れた実感だけを私に残して他人の手に渡ってしまったのです。

まるで何かの報いを受けるかのように、私たちは揃って身体の自由を奪われました。そして老師は九年間寝たきりのまま――。

円山蒼谷の死は、本人を闘病の苦しみから解放し、私を恋着の苦しさから救いました。悲しみだけでなく、安らぎをより多くもたらしたのは、それが人を呪縛から解き放つような死だったからかもしれません。きっと、芳村さんにとっても――。いかに惚れた男とはいえ、最後の九年間の道のりは平坦なものではなかったことでしょう。芳村さんは七十三歳、私は四十四歳になっていました。

円山蒼谷の死に心の安らぎを覚えた人がほかにもありました。意外なことに、独潭老師です。

訃報を受けた朝、私は受話器を置くやいなや、円山蒼谷の死を老師に伝えました。すると老師は「そうか、これで安心した」という不思議なひとことを洩らしたのです。前にも触れたとおり、独潭と蒼谷は神戸の徳光院時代に同じ釜の飯を食べた修行仲間です。私の月心寺行きを蒼谷が賛成したのはそのためで、独潭は独潭で、蒼谷が私に思いをかけていることを百も承知で私を預かっていたのです。

私は老師の言葉に驚いて、「安心」の意味を訊ねました。

「庵主がわしをほっといて神戸に行かへんか心配やったけど、これでもう行かへんから……」

「なに言うてはんですか、情けない」

私は呆れかえり、思わず叱りつけるような言い方をしていました。

「だいたい、芳村さんいはるところになんで私行かなならんです、あほかいな」

「けど、とっても心配やった」

老師がそんなふうに思っていらしたことが、私には不思議でなりませんでしたが、やはりあれは、思わず洩らした本音だったのだと今では思います。高齢になられていた老師にとって、それからの数年間は、生涯でもっとも安らげる日々だったのではないでしょうか。

月心寺二代目

昭和五十年十月二十七日、病臥《びょうが》中の独潭老師は住職を辞任。私は月心寺二代目住職を拝命しました。

老師は病に倒れた当初、慈済院住職と国泰寺管長を兼任していらした稲葉《いなば》心田《しんでん》老師に、月心寺住職の兼務を打診しましたが、その返事は「わしに頼まんでも適任者がもういるじゃないか」というものでした。

「月心寺は庵主さんでもっているようなもの。他の者が来てもよう維持できんのと違うか。わしが応援するよってに、庵主さんを住職に決めたらどうか」

独潭老師は相撲でいえば横綱級。その後任となれば、やはり横綱級の老師を配するのが筋というもので、一介の尼が継ぐとは異例の事態です。

「それでは世の中が笑うだろう」と、独潭老師は渋りました。

「笑う者は笑わしておきゃいいじゃないか」

稲葉心田老師はそう言って独潭老師を一蹴し、私の後見人となってくださったのです。「世の中が笑う」という独潭老師の言葉はしかし、本音ではなかったでしょう。

裏腹な言い方を好む老師の気性を思うと、稲葉心田老師に相談をもちかけたときはすでに、跡継ぎは庵主と心に決めていたのだと思います。自分の口からそれを言うよりも、しかるべき人に一度はお願いし、その人の意見を容《い》れた結果の人事とするほうが、いろいろな面で通りがいいということくらいは、老師の思慮のうちにあったはずです。

幸いにも、世の中の人は、正式に私と決まるずっと前から、私が二代目となることを自然のなりゆきのように受けとめていてくれたようでした。


私が住職を継いだ二年後、独潭老師は世を去りました。

まわりの者にとっては突然でしたが、ご自身は死が間近にあることを知っていらしたかのようでした。

老師が部屋の中でころんで足を痛め、寝ついてから六日ほどが経ったときのことです。当時、私は自ら発案した母校尼衆学林の百年史を編纂《へんさん》中で、老師の寝ている部屋の隅の机で執筆に明け暮れていました。

「庵主さん……庵主さん……」

ベッドの上の老師が私を呼びます。

「ここにいます」

序文を書くのに呻吟《しんぎん》していた私は、机に向かったまま声だけの返事をします。

「ちょっとここへ」

「なんですか、そばにいるのやから言うてください」

「ちょっと用事がある」

「用事があったら言うてください、聞こえてます」

私を手伝ってくれている女性二人が老師を気の毒がって、「あんだけ言うてはんのやさかい、ちょっとそばへ行ってあげてください」と、しきりに私を責めます。

「じゅうぶんそばにおるよ。忙しいんですから、用事なら二人に言いつけはったら。なんで私やないとあかんの」

ぶつぶつ言いながらも立ちあがり、老師の枕元でぶっきらぼうに訊ねました。

「老師さん、なんの用事ですか」

「わしはな」

「わしがどうしたんですか、はよう言うてください」

「わしはな――」

「せやから、どうぞ」

「わしは、死ぬほどあんたが好きだったよ」

飛びあがるほど驚きました。驚きのあまり、大声を出していました。

「何を言うてはるんですか、あほくさい」

情けないやら腹が立つやらで、また叱り飛ばすような口調になりました。

「十六年同じ屋根の下で暮らして、今さら好きも何もないでしょうが。好きなら好きでもっとやりようもあったやろに、もう……。情けない、そんなん聞きたくないッ」

そうして私はまた机の上の原稿に戻りました。老師はそれきり言葉を発さず、翌日、亡くなったのです。八十八歳でした。

思っていることと言うことが、いつもあべこべな人でした。よく意地悪をされましたが、私の反応をおもしろがっていたのでしょう。「お風呂が沸いたのでどうぞ」と言えば「年寄りに初風呂は毒です」と応え、「ならお先に入ります」と言えば、「庵主さんのあとに入れと言うんですか」と返してきます。「そやからどうぞ、言うてます」「初風呂はかなわんから、庵主さんが先に入らなければわしも入れない」と、話がややこしくてかないません。

私の事故後も相変わらずでした。左手で熱いヤカンを持った私はふすまが開けられません。焼けたヤカンを置いて畳を傷めるのを避けようと思えば、足で開けるしかないのです。そばで見ている老師は悠然と座ったまま、私を助けるでもなく「お、どうするのやろう思うたけど、うまいことかたっぽの足で開けるものや」などと半畳を入れるばかり。そんなふうに、私の癪に障ることを選んでおっしゃるような癖がありました。きっと老師は私を見ていると、飼い猫をからかうように、ついちょっかいを出したくなるのでしょう。

そんな老師の気性はじゅうぶんわかっているつもりでしたが、「死ぬほど好きや」という台詞は唐変木で皮肉屋の老師にはあまりに不釣合いで、あまりに意想外なものでした。

私は呆気《あっけ》にとられるばかりでしたが、思えばあれが末期《まつご》の言葉となったのです。あれほど印象深い末期の言葉は、ほかに聞いたことがありません。

流転

事故に遭ってから独潭老師を送るまでの十数年は、夢中のうちに過ぎました。最初の数年は自由のきかない体を支えるのにただ必死で、次に気がついたときは、障害を忘れるほどの忙しさと充実感の真っ只中にいました。私の人生において、これを成し遂げたと自分でひそかに思えるような仕事は、ほとんどこの時期に集中しています。

僧籍を剝奪され、身体の自由も奪われた私のような尼僧のもとに、次々と大役が舞い込んできたのは、どういうわけだったのでしょう。

昭和四十三年、円光寺大改修の監督を仰せつかりました。学林時代からの法友、文秀さんと共に、三日にあげず円光寺に通いつめ、三年後に無事落慶式を迎えました。落慶の法要では典座寮頭を務めさせていただき、四百余りの本膳をつくるという大役に挑み、多くの友に支えられながらその任を果たすことができました。

至らぬながらもその努力が思わぬ評価につながり、昭和四十七年、母校尼衆学林の責任者となりました。スムーズに決まったわけではなく、「村瀬宗清に内定」と発表されたとたん、私を告発する怪文書が岐阜の関係者に送りつけられるという椿事《ちんじ》を経ての就任でした。「罪状十何か条」だったか、そんなふうに題された文書は、高源寺師匠に背いたこと、僧籍を剝奪されたこと、男があること、酒を飲み煙草を吸うこと、私が犯したとされるありとあらゆる「罪」を並べたて、いかに責任者として不適格かを訴えるものでした。書かれてあることはすべてそのとおりです。よくもまあ、これだけ調べあげたものだと、当の私が感心のあまり笑ってしまうほどでした。にもかかわらず、円光寺老師からの強い推薦を得て、悪評まみれの私は尼衆学林の林長、学林を擁する天衣《てんねい》寺の住職、尼衆専門道場の道長を兼務することとなったのです。それだけの大役をお引き受けすることができたのも、半身不自由の私を補佐してくださる多くの方のお力があればこそでした。

月心寺と岐阜の学林との間を行ったり来たりの三年間、母校のこれからのために何か有意義な仕事を残したいという思いから、執務の合間を縫ってとりかかったのが、尼衆学林百年の歴史を俯瞰《ふかん》する作業です。

任期を終え、岐阜から戻った私は月心寺二代目住職を拝命。住職としての勤めのかたわら、学林奉職中に調べ上げた資料をもとに、百年史の編纂《へんさん》と執筆に取り組み始めました。

二年後の昭和五十二年、独潭老師遷化。

住職拝命、師の遷化という二つの大きな節目を迎えながらも、少しずつ書き綴ってきた百年史は、昭和五十三年、ついに『祥雲』と題した一冊の本にまとまります。美濃尼衆学林創立百年には三年早い刊行でした。

事故後の私の力を試そうとするかのように、大きな仕事、大きな節目、大きなチャンスが私に訪れ、そのつど挑むような気持ちで取り組んできました。

あの事故で死ななかったのは、私にはまださせていただく仕事が残されているからなのかもしれない。命のある限りは、勇躍してそれにぶつかるしかない。そんな思いがいつも私を駆り立てていたのです。

そうして私は、月心寺の普請にとりかかりました。六年の歳月と一億円近い費用をかけて、千余坪の月心寺庭園内に点在する諸堂の修繕を終え、昭和五十八年秋、落慶の日を迎えます。盛大な落慶法要。二百人を超える列席者。御斎《おとき》。すべてが終わり、手伝いの子たちも大水の引いたように帰っていったあと、ひとり残された私が疲れよりもはかなさを感じるのはいつものことです。

心をよぎるのは、〈歓楽きわまって哀愁を知る〉という言葉。目的に挑んでは手落ちなくやり遂げ、そのあとの寂寥《せきりょう》感をひとり味わい、また性懲りもなく目的に向けて歩き出す——私の人生をひとことで言えば、ただそのくり返しにすぎなかったようにも思えます。

昭和六十年、月心寺普請のために用立てた借金を自力で完済。気がつけば還暦を越していました。

平成六年十二月十八日、原因不明の失火により天衣寺全焼。

天衣寺も、天衣寺の擁する学林も、その一切が消えてなくなりました。

誰に頼まれたわけでもないのに、憑かれたように学林の歴史を調べあげ、何かに駆り立てられるようにして百年史の刊行を急いだ自分をふりかえり、まるで未来を予見していたかのようだ、と私はひとりごちました。

すべてがなくなる前に、すべてを記録として残しておくこと。それこそが私に課せられた仕事だったのかもしれません。

平成七年一月十七日、阪神・淡路大震災。

三十年以上もの間、人さまに召しあがっていただくための料理をつくり続けてきましたが、この日を境に、お客さまのお越しがふっつりと途絶えました。予約の電話のベルが鳴らない日が何日も続くことは、月心寺に来てから初めてのことで、それは七年間続きました。

終章

矛盾

この半世紀で世の中はすっかりさま変わりしました。

私の育った時代の常識や価値観は、もはや過去のものになろうとしています。

仏教界とて例外ではなく、私が尼僧として生きた七十数年の間に、寺院のありかたも、僧侶のありかたも、ずいぶんと変わりました。一人前の尼僧と認められるまでに経なければならないとされてきた修行も、住職になるためにくぐり抜けなければならなかった関門も、今では有名無実化していると聞きます。

少子化のこの時代、自分の子供を寺に入れる親はめったになく、尼寺の多くは後継者難に直面しています。いきおい住職の認定基準が甘くなっていったのだとすれば、それも時代の趨勢《すうせい》でしょう。

男僧さんの寺では、たいてい息子に跡を継がせています。寺の跡継ぎではあっても、一般家庭の子息と同じ教育を受けて育ち、世間の若者と変わらない生活様式に馴染んでいるので、たとえば、英語はスラスラ読めてもお経はうまく読めない僧侶が増えました。

修行の一環として参禅はするものの、ゴルフやスキーの道具を携えて専門道場へやってくるという話を耳にしたこともあります。休みの日には修行僧のいでたちから洋服に着替え、信者さんの家に預けてある自分の車を運転し、僧堂からゴルフ場、スキー場へと直行するのだそうです。一部にすぎないとは思いますが、そのような雲水さんたちがいて、それを受け容れる僧堂があるのは事実で、また、そういう僧堂ばかりに人気が集まるというご時世なのです。

大正生まれの私には隔世の感がありますが、だからといって、厳しい修行や徒弟制度を手放しで肯定するつもりもありません。ただ思うのは、車を運転するにも免許が要るように、医師となるには国家試験がありインターン期間があるように、住職になるための関門だけはきっちりと残しておくべきではないかということです。信施を受け、宗教法人法によって守られ、税を免除されていることを思えばなおさらです。

その関門をくぐり抜けたあと、手にした資格を生かすも殺すも自由、そこから先は本人の生き方にまかせなければしかたがありませんが、手にすべきものをつかむまでのいっときの間、すべてを放擲《ほうてき》して打ちこむくらいの覚悟があってしかるべきで、それは宗教家であるなし以前の問題ではないでしょうか。修行のための道場ならば、真剣に取り組む人のために門戸を開くのが本来の姿であって、厳しさに耐えられない若者が多いから規則を緩める、というのは本末転倒です。

そうまでしなければ、坊さん尼さんのなり手がなくなるというのなら、それでもいいじゃないか——。

そんな思いが、ときおり頭をかすめないこともありません。

世の中がこれほどまでに変わり、「戒律」にのっとった暮らしがますます世情と合わなくなった時代に、「あるべき姿」をふるまうことで体裁《ていさい》を保とうとすれば偽善に陥ります。いっぽう、世情のほうに合わせて原則を曲げ、中身をむなしくして形だけの延命をはかろうとすれば、仮に寺院や僧侶の寿命は延ばせても、宗教そのものが瀕死の状態に陥るでしょう。難しい問題です。

かつて私は、尼僧でありながらひとりの異性に激しい恋慕《れんぼ》の情を抱いて苦しみました。異性への執心《しゅうしん》など「あるまじきこと」だとして抑えつけようとする心と、抑えれば抑えるほど募る思いとの間で、どうにもならない葛藤《かっとう》状態に陥《おちい》ったのです。

私の苦しみは、過去に身近な尼僧さんたちの醜聞に接し、それを同じ尼僧である私自身への背信や冒瀆《ぼうとく》のように受け止めて厭世《えんせい》観を募らせていった、あのときの苦しみと表裏一体をなすものでしょう。

どちらの苦しみも、「破戒」という言葉の呪縛がその背景にありました。

あれほど一筋にひとりの人を思いながらも、「破戒」のひとことにからめとられて一歩を踏み出すことのできなかった私には、複数の異性の間で揺れていた彼女たちの気持ちを本当には理解することができないかもしれません。しかし人は理解はしなくても、受け容れることができるものです。一歩を踏みとどまるのも強さなら、踏み出すのも強さ。思い切れない弱さもあれば、抑えられない弱さもある。すべては同じ生きている人間としての脆《もろ》さであり、逞《たくま》しさなのにちがいありません。

そんな私の話を聞きながら、なんとも片付かない表情を浮かべて、こう訊ねるかたがありました。

「それでは悩める世の女性たちの姿と、なんら変わらないように思えてくるのですが……」

ご名答。尼僧も人間であり、女人なのです。そういう言い方は当たり前にすぎて、かえって奇異に響くかもしれません。それでもあえて口にするのは、尼僧自身がそう言うのを私は未だ耳にしたことがないからです。いろいろな人間、いろいろな女性がいるように、尼僧にもいろいろな尼僧がいる。原点は、同じ人間だということ。それを忘れては、宗教は偽善に堕《だ》してしまうと思うのです。

私は在俗の女性の暮らしぶりや心のありようを詳しく知りませんし、尼僧にしても限られた範囲のことだけですから、一般論を語る資格はありません。ただひとつ言えるのは、小さい頃から尼僧になるべくして育てられた者は、たとえば寂聴さんとは順序がさかさまだということです。

世間の泥をかぶりながらも生き抜いた人が出家するのとは反対で、徒弟から寺に入った尼僧がほんとうの意味で「世間」というものに出会うのは、頭を剃って釈迦に仕える身となったあとなのです。無菌状態の中で思春期までを過ごし、ある日突然、異性や恋愛や性の問題と直面させられるのです。気がついたときは驚異の世界に出くわして混乱し、方向を見失ってしまうようなところが、あるいは当時の尼僧にはあったのかもしれません。

陰と陽がひきあうのは自然の摂理。植物でも動物でも、交配は生命の基本。自分もそこから始まった命だというのに、その出発点を否定した世界の価値観を内面化して育ち、その矛盾に気づいたときは、すでに二律背反を抱えこんでしまっているのです。出家をするなら、寂聴さんのような出家のしかたであるべきだと私は思います。お釈迦さまがそうであったように。

尼僧でありながら、尼僧が嫌い——。

これまでも平然と口にしてきたことですが、私が弟子をとろうとしなかったのも、こんな不合理なことは私一代で結構と、自分でも思っていたからです。

「寒い季節はスキヤキおいしいで」

私が言うと、知り合いの尼僧さんは、

「ええなあ、あんたは平気でそれが言えて」

と溜息をつきます。

それなら食べないのかと訊けば、食べている。しかも、あちこちに錠をかけて戸締りしたあと、風呂場の中で、と言うのです。

「それじゃ、牛肉も成仏せえへんわ」

私は呆れてそう言いました。

出家だから？　大精進？　世間の人が笑う？　だから嘘をつく？　しきたりを破ることより、人目を欺き、ひいては自分を欺いていることのほうがよほど罪が深いと思うのです。私は衣を着たなり鮨屋にも行けば、うなぎ屋から出前もとります。「月心さんならばこそできる芸当や」と人は言うけれど、建前と本音を使い分ける「芸当」を持ち合わせていないだけのことのような気がします。

そんな私が、嫌いだと公言して憚《はばか》らない尼僧のままでいるのはどうしたわけでしょう。

いやだと思えば、すっぱりとやめるのが本来の私の気性です。還俗《げんぞく》する機会もなかったわけではありません。たとえば交通事故に遭ったときがそうです。入院中に髪も伸びれば、すでに僧籍も剝奪されていて、お膳立ては揃っていたのです。

結局私は、「尼僧」という殻をどうにも破れなかったのです。なぜかと問われても、その理由は私自身の中でさえ混沌としているのですから、人にわかるような説明ができるとはとても思われません。

つぶしがきかない——。身も蓋《ふた》もない言い方をすれば、そういう判断もあったことでしょう。

ふつうの女性の生き方を知らず、身体障害者で帯ひとつ結べない。そんな私を一般家庭に連れていって、いったい何の役に立つ？

尼さんでいるからこそ、みなさんが私の話や私の書を喜んでくださるのであって、髪を伸ばして普通の生活に戻ったら、

「ああ、還俗した村瀬さんね。墨蹟？　もう結構やわ」

と、それだけのこと。徳があるとかないとか、修行をどれくらい積んだとか積まないとか、本当のところは、誰にも――もちろん本人にさえ、わからないことなのではないでしょうか。

もし今の私にひとつ尊いことがあるとしたら、九つで剃髪し、尼として生きるという初志を貫いたということだけであって、途中で挫折していたらすべてはそこで終わりなのです。しかも初志といいながら、私の意志の力で貫いたというより、貫かざるを得なかっただけのこと。そうとしか生きられなかったということでしかないのですから、やっぱりそれすらも本当は何でもないことなのです。

にもかかわらず、尼僧として生きてきたことへの矜持のようなものが、私の中にひとつもないと言えば、それは嘘になります。尼僧は嫌いと言いながらも、尼僧である

ことの誇りが捨てきれない。私自身の中にも大きな矛盾が渦巻いているのです。

ふとまわりを見まわしてみれば、そうした私の煩悶《はんもん》をよそに、男僧さんたちは堂々と妻帯し、子をなし、在俗の人たちと変わらないような生活をしています。

尼僧は家庭を持たずに「徒弟制度」のもと仏弟子を育て、戒律を意識するあまり自己欺瞞《ぎまん》に陥りながらも、あくまで「出家者」として暮らしてきたのに対して、多くの男僧は、とくべつ破戒の意識に苦しむことなく家庭を築き、事実上「在家」のまま住職を勤め、血縁者に跡を継がせる「世襲制度」でことがすんでいるというのも、思えば不思議な話です。僧侶がおおっぴらに妻帯するようになったのは、明治維新の神仏分離令によって「僧侶たるもの蓄髪し妻を娶《めと》ること勝手たるべし」と許可されて以降のことで、もちろん現在も法律上は何の問題もありません。国法を優先するか、仏法を優先するかは、宗教家としての自覚の問題で、個々の僧侶の生き方に委ねられているのです。

矛盾に満ちた尼僧の世界のまわりを、さらに大きな矛盾が取り囲んでいるように、私には感じられます。

家庭を持つ僧はいっそ、禅だ、戒律だと難しいことを言うのをやめて、妻帯を公然と認めている浄土真宗に宗旨替えしてはどうか。そのほうがよほどすっきりする——。

半分本気、半分皮肉でそんなことを考えてはみても机上《きじょう》の空論にすぎず、日本の仏教界を幾重《いくえ》にもとりまいているもっと大きな矛盾の前で、私はただ立ちすくむばかりです。仏教界の矛盾は、そこに生きる私の抱える矛盾にほかなりません。欺瞞の匂いを嗅ぎ取って、そこに疑いの目を向ければ、そのまま自分自身への疑問符となって我が身にはねかえってくるのです。私にできるのは、それでも懲《こ》りずに堂々巡りの自問自答を繰り返すことくらいでしょう。

好き放題に泳いできたつもりでいても、実際には大きな枠の中から一歩も出ていない自分。その足踏みが、われながらはがゆくてなりません。きっと私はそのはがゆさと、自己矛盾を抱えたまま、朽《く》ちていくのだろうと思います。

そんなことをつい人前で口にしようものなら、親しい人ほど「悩むなんてあんたらしくもない」と言って笑います。人はどうやら私の中に、いつも明るくて気丈な実際家を見ていたいようです。

「柄にもないことで悩まんと、今日一日無事に暮らせたらええやんか」

相手のほうが一枚うわてかもしれませんが、私もこれで結構、悩むのを楽しんでいるのだと思います。

観照

人生には、生きているうちに解決されない矛盾や、答えの得られない謎というものがあります。その一方で、長く生きたあとに、やっと見えてくる何かも必ずあります。やはり、時の力は偉大だと言わねばなりません。

何十年も考え続けてきた円山蒼谷とのことを、冷静な目でふりかえるようになったのは、つい最近のことです。

生まれて初めて恋をして、お互いの気持ちを確認してまもなく、老師は私の手の届かない、芳村さんのもとへと去りました。

私の恋愛物語はそこで凍結し、起承転結の「転」と「結」は永遠に失われたのです。もっと長い時間いっしょにいられたら、その先には何があったのか――。老師が私にかけた思いはほんものだったのか、口先だけだったのか――。未完の物語は、私の中でいつまでも終わることがありませんでした。

恋は盲目とはそのとおりで、私には大事なことがまだ見えていなかったような気がします。

私がスキャンダルを逃《のが》れて八幡の水月寺を出奔《しゅっぽん》し、高源寺に戻っていた時期、講演のため四国に出かけた老師から、手紙をいただいたことがありました。

〈土佐の高知に来ています。

坊さん、かんざし買うを見た、と歌われた播磨屋《はりまや》橋で、私は今日、供のものを巻いて数珠屋に入り、あなたのために白い珊瑚の数珠を買いました。どうぞ大事に使ってください。

歌を書いておきましたから、そのとおりに生き抜いてくれることを頼みます〉

数珠といっしょに届けられた手紙には、こう書いてありました。

〈きよやきよ　清く生けかし常《とこ》とわに　白き珊瑚《さんご》の珠《たま》のごとくに〉

「きよ」は私の本名、清子のことです。

清く生けかし常とわに——老師の私への気持ちは、そこから一歩も出なかったような気がします。二言目には「清姫にならんどけ」と釘をさされたものでした。

今になって、はたと思うのです。あれは色恋ではなく、父親が娘を思うような種類の愛情ではなかったか、と。

私はひとりで思い違いをしていただけかもしれません。

跡継ぎ同士として顔を合わせた日から、円福寺の老師として八幡に来るまでの五年間、老師はずっと私を見守っていたのだということを、本人の口から聞いたことがあります。女の子とも男の子ともつかないような、これまで見たこともない尼僧の存在が「とっても心配やった」そうです。「いつなんどき泥まみれにならないか」「そのときはどうやって助けてあげられるか」と心にかけ、法要などで円福寺に出かけるたびに私の無事を確認しては、ほっと胸をなでおろしていたと言うのです。

老師の人生のすべてを私は知りませんが、みなしごに近い、孤独な生い立ちだったことを、本人亡きあと、芳村さんから聞きました。年上で世話女房型の芳村さんに惹《ひ》かれたというのも、それでうなずけます。もっと得心がいったのは、当時三歳の剛志さんとの心の交流です。他人の家を転々として大きくなった老師は、幼くして父親を亡くした剛志さんを我が子のようにかわいがりました。自分を慕ってくれる男の子の姿に、自分の子供時代の寂しさを重ね、よけい愛しさが募ったことでしょう。

三歳からその成長を見守ってきた剛志さんと同じくらいの年齢の私を見たとき、何かほうっておけない気持ちになったのは、自然のなりゆきかもしれないと今は思うのです。九歳から親元を離れ、世事にうといまま大人になり、何も知らずに水月寺にやってきた尼僧のふるまいは、老師の庇護《ひご》本能を引き出すのにじゅうぶん無防備で、じゅうぶん幼かったにちがいありません。

恋の病に罹《かか》り、思いが募ってめそめそしがちな私を「ああ、ああ、そんな子は嫌いだ」と叱り、「あなたがそんなにばかとは思わなかった」と呆れ、「泣くあなたより、泣かれているこっちのほうがよっぽど苦しい思いに耐えているのに、どうしてわからんのかな」と嘆く老師は、そういえば恋人というより、我が子の巣立ちのために身を切られる思いで突き放そうとする親の姿に似ていました。

私もまた、自分では気づかないうちに、九つで別れた父親のイメージを老師に重ねていたのでしょう。死別したわけでもなく、行けば会えるところにいながら、会いたいと思う弱気を自分に許さずに過ごしてきました。その孤独を埋めてくれたのが老師だったのです。その人があらわれたことで、それまで自分が孤独だったことに初めて気づかされるような、そんな存在でした。

出会えてよかったと思います。出会わなければ、恋も知らないまま、自分が女であることも忘れたまま、八十年を生きてしまったかもしれません。そのほうがよほど悲劇だと思います。

人の心ほどわからないものはありません。言葉の真偽や、ふるまいの底にある真意を、ひとつひとつその場で確かめられないまま、人生は過ぎていきます。「今なら確かめられる」と思ったのは、洞ヶ峠のあのときだけで、大きな賭けに老師は合格し、私は全面的に心を許してしまいました。もしあのとき、老師が待っていてくれなかったら、「やっぱりね」と自嘲気味に呟《つぶや》いて、それですべてが終わっていたでしょう。世の中はそんなものだと思いこんで、相当なニヒリストになっていたかもしれません。少なくとも、そのあと老師がどんな情熱的な言葉を口にしようとも、私の心には届かなかったでしょう。

真意を確かめる機会が永遠に失われ、しこりとなって残ってしまっても、時の経過の中で自然と何かが胸に落ち、いつのまにかわだかまりが消えていることもあります。たとえば、母との間のわだかまりのことです。

母に対する不信感をはっきりと意識したのは、初めての里帰りのときでした。まだ子供だった私が親元を離れて師匠との軋轢《あつれき》にひとり耐え、兄は出征して明日をも知れぬ命という、そんな時期に、母のほうから言い出して離婚をしていたということが、私はどうしても許せませんでした。夫婦の間に何があったかは知りませんが、私の怒りの矛先は、なぜか父ではなく母にばかり向かったのです。母が家族のことより個人的感情を優先させたように感じて、子供としては何か本能的な不安を抱いたのかもしれません。

それに母は、京都へ行ってしまった私に、一度たりとも手紙をくれたことがありませんでした。

私はある時期から、離婚の原因は、父の女性問題だと考えるようになっていました。自分は父がよそでつくった子供ではないかと疑ったことさえありました。だから私は寺へ入れられ、だから手紙はいつも父からのものばかりで、母は書いてはくれないのだ——と。

母は私が四十歳を過ぎた頃に死にました。

そのとき、ふと心が動いて、「ずっと聞きたいと思ってたのやけど」と父に切り出し、長年の疑問をぶつけました。

「お父さんが浮気してつくった子が私で、それでお母ちゃんの手前、みんなでうまいこと言って、私を京都へやったわけじゃないやろな——お母ちゃんから一本も手紙が来なんだ」

返ってきたのは、思いもよらない言葉でした。

「一生、宗清さんには聞かさんと思うたけどな、おまえの母は、読み書きができなかった」

ドキッとしました。そんなことが日本の国の中であり得るとは思ってもみませんでした。

読み書きができず、どうやって商売を手伝っていたのかと、私は思わず聞き返しました。たとえば母は、カレンダーに印刷された月の満ち欠けの絵で月日を把握して、日付けをあらわすのに数字ではなく、三日月や半月の形を書いたり言ったりして、ことをすませていたというのです。いっしょに米屋をやっていた父と兄だけがそのことを知っていて、ほかにもその三人の間だけで通じる記号があったそうです。

つい最近のことです。戦国時代を舞台にした大河ドラマを見ていたら、娘を人質に出さなければならなくなった母親が、別れの辛さに涙を流す場面が流れ、突然私は思い出しました。私が寺へ行くことが決まり、京都へ発つ日までの間、父と母が毎晩泣いていたことを。「元気で暮らさなあかんで」と言っては、私をかわるがわる抱きしめていたことを。その光景が脳裡に蘇ったとたん、涙がこぼれました。

姉たちはよく、母がいちばん心配しているのは宗清さんのことだと私に言ったものですが、面と向かったときの母はきついばかりであまりピンときませんでした。私を手放したあと、泣いてばかりいた母に、父は「そんなに悲しかったら取り戻しに行ったらええ」と言い、それに対して母は「いったん行くと言ったあの子が帰ってくると思っているんですか。死んだってあれは帰ってこない」と言ったそうです。

姉たちは、子供たちの中で私がいちばん母に似ていると言います。いっしょに暮らしたのは九つまでですから、それ以降の母のことを私はほとんど知りませんが、とくに今の私は晩年の母にうりふたつだそうです。

月心寺で料理をつくっている私をテレビで見たと言って、妹が電話をくれました。

「宗清さん、お祭りの日に人がおおぜい集まって、みんなのために一所懸命お赤飯をつくっていたお母さんとまるでいっしょやないの。お勝手やってるところなんて、お母さんの姿そのまんまや」

母は七十四歳で逝きましたが、お祭りのお赤飯は死ぬまでつくっていたそうです。私はもうその歳を越えてしまいました。

高源寺の師匠とは、ついに和解できませんでした。

私の中では、和解とか赦《ゆる》すとか、そういう関係はすでに通り越してしまったような気もします。

師匠には殺意を抱いたこともありましたが、こうして馬にも踏まれず、牛の角にもひっかけられず、「月心の庵主さん」としての私が今あるのは、偏《ひとえ》に高源寺時代の「重し」のおかげだと思っています。何年経っても味の変わらない漬物に誰がしたといえば、それはまぎれもなく師匠であって、中途半端な漬け込みかたではこうはならなかったでしょう。そう思えば、感謝すべきかもしれません。

それに私も歳をとり、反発ばかりしていた頃とは違って、師匠の立場に立ってものを考えられるようにもなりました。

何の前置きもなしに妹弟子を連れてきたことで、私はずいぶんとひがみましたが、月心寺では私も師匠と同じような経験をしています。多いときで六人くらいの女の子が住み込んでいましたが、たいていは天から降ってくるように突然やってきて、他の子に相談する時間もないまま、その子を預かることが決まってしまうのです。そして、前からいる子からは、決まって、「庵主さんは私にはきついのに、今度来た子には甘い」という非難の声があがるのです。もちろん、どの子にも同じように接してきたつもりなのですが。

気ぐらいの高い師匠は口にしませんでしたが、私に女学校進学をあきらめさせた背景には、経済的な厳しさもあったのではないでしょうか。私が高源寺に入ってまもなく、三年続けて京阪神を台風が襲いました。高源寺はなんとか無事でも、貸している土地が水につかり、師匠の親戚の寺が被害を受け、修繕やお見舞いや援助で何かと物入りな年が続き、小学生の私にそこまで慮《おもんぱか》る智恵はありませんでしたが、学費を工面する余裕は残っていなかったのでしょう。

妹弟子が小学校を卒業する頃には、すでに余裕をとりもどしていたはずで、いずれはよそへ行く運命の妹弟子には学歴が要るだろうと考えた師匠のその判断は、やはり正しかったのだとも思います。

師匠は昭和六十年、一月一日午前四時に亡くなりました。元旦に死ぬとは、なんとも意地悪婆さんらしい最期ではありませんか。

師匠は寝ついてから、宗弘さんにしきりに言っていたそうです。「わしが死んでも宗清にだけは知らすなや」と。

死を目前にして、どうしてわざわざそんなことを言わねばならなかったのでしょう。裏を返せば、私の存在をそれほど気にしていたということです――よくも悪くも。妹弟子の行く末をあれだけ心配していた師匠のこと。その台詞で「死んだら宗清に知らせて、あとのことはあんじょうやってもらえ」と言おうとしていたように私には思えてしかたがありません。さんざん私の悪口を言い散らしてきた師匠としては、そういう言い方で匂わすしかなかったのではないでしょうか。

師匠が入院していることを風のたよりに耳にして、飛んでいったときのことを思い返します。

ふたりきりの病室で、師匠は私の事故後の姿を初めて見て、手を取って泣きました。

「五体満足で、よう生き抜いたな、宗清。わしが死んだら宗弘を頼むで。苦労したな」

これを私の前で言えて、どうして人前で言えないのだろうと思います。ほかの人が病室に入ってきたとたん、

「宗清、さっさと帰れッ。なんや、おまえはほんとに」

と叱りつけ、私の見ている前で、おもしろいほどに豹変《ひょうへん》しました。

裏腹なことしか言えない、なんとも入り組んだ間柄です。

私に「水月へ行かへんか」と言った師匠は、ほんとうに私が行ってしまったあと、「これから八幡に行って呼び戻してくる」と、何度も口にしたそうです。「あれはもののはずみや言うて、連れて帰って来る」と言って師匠が立ち上がるたびに、隠居さんが「いまさら遅い」と言って説き伏せたという話を、師匠が死んだあとに聞きまし

た。

ひょっとしたら、師匠はいちばん私を理解して、いちばんほんとうのことを言えなかった人ではなかったかと思います。

不思議なことに、師匠よりもずっと私をかわいがってくださった隠居さんのことを、さほど思い出さないのです。交通事故で死にかけたとき、あれほど「隠居さん、隠居さん」と呼んだ人なのに。申し訳ない言い方ですが、私にとって隠居さんは、痛くも痒《かゆ》くもない存在だという証拠でしょう。

宇宙を走る流星と流星がぶつかって大変な衝撃が起こるように、人と人とが真正面からぶつかれば、そこにはときに、血みどろになるほどの大きな葛藤が生まれます。ほんとうの出会いというものには、それだけの激しさが伴うのではないでしょうか。「覚えている」と言うとき、良いか悪いか、憎しみか愛情か、人はどちらかで覚えているもの。まんなかはないと思います。

役目を終えるまで

平成七年一月十七日、阪神・淡路大震災。

この震災で景気後退が一気に加速し、日本全体が今に続く平成大不況へとなだれこんでいったように思います。

この時期、高級料亭が軒並み経営不振に陥ったと聞いていますが、月心寺も例外ではありません。数カ月先まで入っていた精進料理の予約がいっぺんにキャンセルとなりました。以後、お客さまの足が遠のき、無収入の状態が続くことになるのです。

思えば、交通事故から立ち直り、料理を再開したその日から三十年、お客さまは増えこそすれ減ったことはありませんでした。

こちらが出かけていかなくても、ありがたいことに生きた仏さまのほうから月心寺に出向いてくださる。一文も持っていなくとも、生きてさえいればこの腕で稼ぎ出せる。

これまでそう信じて疑わなかった私にとって、この経済的困窮は、寺を維持していく上で初めて味わう苦しさです。それでもなお、私が疑わなかったのは、「冬のあとには必ず春がやって来る」ということでした。

冬眠中の熊に倣《なら》って、静かに春の訪れを待とう。へたに動いたらあかん。

そうしてじっと待つこと七年目、ひょんなことから月心寺は再びお客さままで賑わうようになりました。

きっかけは、平成十三年に放映された、ＮＨＫの朝の連続ドラマ『ほんまもん』。その題字を書いたのが私です。

ドラマの中で、料理人をめざす主人公に料理の心を厳しく教える〝庵主さま〟が登場しますが、そのモデルは月心寺の明道尼だとメディアで紹介されました。その頃から月心寺の電話は鳴り始めたのです。

かつて月心寺に料理を食べに来てくださったかたが、私のごま豆腐を思い出してくださり、激励とともに再びお客さまとなって戻ってこられました。いっぽうで、ドラマを通して初めて私を知ったかたからの問い合わせの電話が相次ぎました。また、ユースホステル時代に手伝ってくれた子たちの懐かしい声を聴くこともできました。

気がつけば、連日の予約でカレンダーが埋まり、月心寺に活気が戻っていました。七年のブランクが嘘のようです。疲れを感じることも忘れて休みなく働き、ついには倒れるほどの忙しさです。平成十三年の晩秋から二千人を超えるお客さまをもてなし、翌十四年の夏、私は腰を痛め、六週間入院しました。

倒れてから、料理をもっと深く、もっと大事に扱わなければいけないということに、遅まきながら気がつきました。

これが今生《こんじょう》の名残りのときになるかもわからない。いつのときもそう思うようになりました。そう思うと、うぬぼれや甘えとは、ますます縁がなくなります。

来年の今日、果たしてこの世にいるかいないか。それは誰にもわかりません。だったら、会えるときに会っておかなくては。

私のような者にでも「庵主さんに会って、庵主さんの手料理を食べてみたい」とおっしゃる人がある限り、なんとか予定をやりくりして、ひとりでも多くのかたに来ていただこう。

舞台と一緒で料理も一回性のもの。残念なことに、「味」は形にして残すことができません。入院を通して、与えられた時間に限りがあるということを身をもって実感したとき、その日、その日の料理がいかに大事であるかを私はあらためて思い知ったのです。

「料理はアマで、尼が本職」と洒落のめすのが私の癖でしたが、今となっては、すべてが本職というべきでしょう。というより、本職とか素人とか、そんな分け方はすでに意味をなさなくなりました。

かつて、『吉兆』大主人の湯木貞一さんが、私の料理の本に序文を寄せてくださったことがありました。精進料理の味つけについて、「天下一とほめてもほめすぎではない」と書いてくださったそのお言葉に、当時はもったいなさと面映さを感じるばかりでしたが、今はそれよりも、そのひとことに託された思いをしかと受け止めなければいけないという思いでいっぱいです。吉兆さんがそのように評価してくださるなら、そのつもりで精一杯さしていただくというほか、私にはもう何もありません。いくら本人がその気でも、「あかんときはあかん」のですから。

野菜は美味しく炊いて美味しくいただくことで成仏するのです。人間も同じように、何か大きな力にひきずられながらも、用がなくなるまで生かされ、いよいよ用を終えたらそこで終いになるだけなのです。だからそれまでの間、自分の仕事をまっとうすることに専心するしかない。そう私は思っています。

目に見える力、目に見えない力、いろいろな力に支えられて私は今日まで生きてきましたが、私を助けてくださったかたたちが、「ご苦労さん」「ほな、さいなら」とおっしゃれば、そのときが私の死に時でしょう。

いったい「誰に」助けられ、「誰に」生かされているのか――。

最大の謎は残ったままですが、「何のため」か、それはもうわかっています。少なくとも私の中でははっきりしています。

ごま豆腐をつくり、ひとさまに喜んでいただけるような料理をこしらえることによってこの寺を維持すること。小町や龍神さまが祀ってあるこの場所を守るということ。「食」による因縁によって、半身不自由な私が講演や法話に出ていかなくても、みなさまがこの場所まで足を運んでくださる。料理を食べにいらしたかたはここで自然に小町とも会い、龍神さまの棲む井筒もご覧になる。私の料理が目当てで月心寺を訪ねるというのはひとつの方便にすぎず、見えない何者かが私に走井の名水でごま豆腐をつくらせ、ひとさまをして「また訪ねたい」と感じせしめ、自然な形で縁を結ばせるよう仕向けている——それしかないと私は本気で思っているのです。

「すごろく」は、その進みかたに何通りあろうと、「あがり」がひとつしかないように、あちこち寄り道をしながらも、今、終生の場所に辿りついたような気がしています。これまでに歩いた道のりのどの部分が欠けても、ここまで来られなかったことを思えば、寄り道というよりも、長く入り組んだ一本の道というべきかもしれません。

そう、すべての一歩が今日につながっているのです——よかったことも悪かったことも、恋したことも怪我したこともすべて。

さて息絶えたあと、何が残るでしょう。

月心寺という寺に、言いたい放題言わはる悪名高き尼さんがおってな、あの人、男

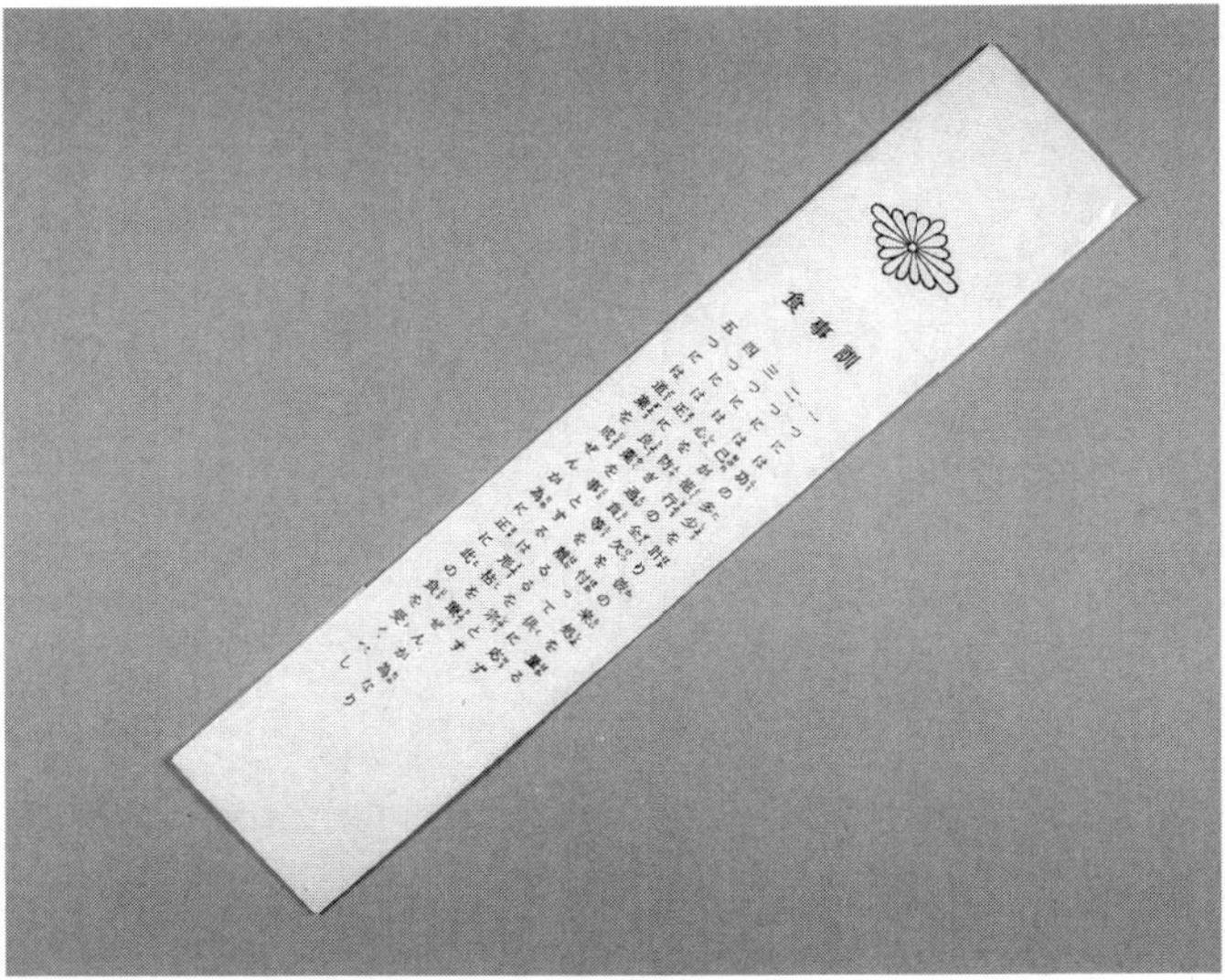

月心寺の箸紙

はん好きになったことあるそうやけど、寝たことあるんだろうか、ないんだろうか。いやあ、いっぺん寝たことがあったら、あそこまで思いつめるわけはないから、あれは蛇の生殺しで、まあ、あわれな一生やったとちがうかいな。

と、おもしろおかしくあれこれ取り沙汰してくれるのは一般の人であって、尼さんはたいていお上品ですから、そんな話題は意識の上にのせることすらしないでしょう。

悲しいかな、お蚕《かいこ》さんはいよいよ真っ白になって、今、口から糸をしきりに吹き出しているところではないでしょうか。次の転生に向けて、自らが入っていく白い繭《まゆ》――。次に出てくるときは何者に生まれ、どんな役目が与えられていることでしょう。

来世もごま豆腐をつくっているとして、また庵主さんでいくか、おかみさんになっているか、それはわかりません。

やっぱり、「おかしな尼さんやねえ」と人さまからあきれられたり、「せやけどなかなかやるもんや」とほんの少し感心されたりするような、変わり者の尼僧に生まれ変わるように思います。

今度も悪名がついてくるとしたら、なるたけ高いと楽しいなあ、と思います。悪名というものは、立つまでがまた、ひと苦労なのですから。

「衆生本来仏なり」

永《えい》　六《ろく》　輔《すけ》

いまこの国に、この言葉の意味を自分の言葉で説明できるお坊さんが何人いるでしょうか。

「全てのものに仏が宿っている」と唱えつつ、森羅《しんら》万象《ばんしょう》に宿る命について考えることも、語ることもしない。そうして、寺を葬式屋にしてしまっているお坊さんは、堕落《だらく》していると僕は思います。

宗教とは本来、生きている人を喜ばせるものであるはずです。

僕が月心寺《げっしんじ》村瀬明道尼《みょうどうに》さんとお近づきになってから三十年以上も通っているのは、単に庵主さんが「天下一」と賞される精進料理の作り手であり、月心寺で供されるお料理が美味《おい》しいからというだけではありません。

素材に息づく命を如何《いか》にして料理に活《い》かすか。このことに、真摯《しんし》に向き合っておられる。衆生の中に野菜も含める庵主さんの、ものの見方がご馳走《ちそう》だからです。

平成十三年秋、庵主さんは本のタイトルの一部にもなっている、NHK朝の連続テレビ小説「ほんまもん」の題字を揮毫《きごう》され、料理人を目指す主人公が師と仰ぐ「庵主さま」のモデルとなったことで注目を浴びました。

面白い尼さんが逢坂山《おうさかやま》にいる。

僕がそう聞いて月心寺へ訪ねて行ったのは、昭和三十七年頃のことです。すでに僕だけじゃなくて、いろいろな人が出入りしていました。

月心寺では当時、ユースホステルを併設していたせいで若いひとも大勢いましたが、それに混じって僕らも上がり込んでいました。特別扱いなんて全然なし。たとえば、伊丹十三《いたみじゆうぞう》は京都での撮影の間、自分用の箸《はし》と椀《わん》を持参して月心寺に通っていた頃がありましたが、別段変わった料理なんて出て来ませんでした。

それでも、なんとなく居心地がいいのと、庵主さんに会うのが楽しみで入り浸《びた》っていたものです。

訪ねて、まず境内《けいだい》の「小町百歳堂《こまちももとせどう》」にある小野小町の百歳の姿を写したものと伝わる木像にご挨拶し、それから座敷に戻って、何か食べるものを出して頂く。そんな訪問の仕方でしたが、いつもごく自然に出迎えて下さいました。

もちろん、当時はまだお若くて、僕なんかは最初、「よく働くお手伝いさんだなあ」などと思ってしまったくらいです。すでに京都では「高僧名僧墨跡《ぼくせき》展」みたいな催しの常連として「月心寺明道尼」の名は広く知られていたにもかかわらず、そんな権威張ったところなど全くなかった。たまたま間の悪い時に飛び込んでこっぴどく怒鳴られたことは何度かありましたが……。

まだ今のように料理をお客さんに出すようなことはせず、ごく限られた人だけしか食べさせてもらっていませんでしたが、台所では何故か「吉兆」の旦那が庵主さんの手伝いをしていたりして。見ていると、お互いの料理について情報交換をしながら作っているんです。

僕も厨房《ちゅうぼう》に立つのが嫌いではないので、お手伝いをさせて頂くこともありましたが、あるとき感動したのは、庵主さんが松葉を銀杏《ぎんなん》に刺すのを見せて頂いたときです。固い銀杏に柔らかい松葉が吸い込まれるようにすっと入って行く。

「なにかコツがあるんですか？」

聞いても庵主さんは、

「長いことやってたら出来るようになります」とのお返事です。

随分素っ気《そっけ》ない、とその時は思ったものですが、いまになってみると、料理のみならず、ものごとの本質をとらえたお話なのではないかと思います。

意外に思われるかも知れませんが、本来、寺というのは美味しい食事を出すものです。もちろん質素ではあるのですが、周囲に農家の檀家《だんか》さんがおられるお寺では、年中季節ごとの新鮮な野菜に不足することがありません。そうして頂いたものを粗末にしない、素材の持ち味を如何に引き出して料理するかということに、非常に繊細な計算をして出来上がってくる料理ですから、美味しいのはいわば当然なのです。

それを「普通」にやっている月心寺さんが「特別」とされることが、現代のおかしさなのですが。

本では庵主さんがこれまで歩んで来られた波乱に満ちた人生が描かれていて、僕には初めての話も多く、大変面白いのだけど、正直、物足りない点もありました。どれだけ文章に書かれていても、こちらにぶつかり、あちらをぶっ壊すといった、庵主さんの豪放磊落《らいらく》さを言い表わすのは容易でない、それくらい庵主さんという人が破格に面白い尼さんなんだ、ということでもあると思います。

でも、本当を言うと、そうしたことですらどうでもいい。こういう、勇気と元気を貰《もら》える、温かい人が今僕らの目の前にいてくれる、それだけで充分なのです。その人がたまたま尼さんなんだ、そういうことだけでいい、そう思います。

久しぶりに庵主さんにお会いしたくなりました。

（放送タレント）

単行本　二〇〇四年三月　文藝春秋刊
「衆生本来仏なり」　初出「本の話」二〇〇四年四月号
本書では固有名詞の一部を仮名にしてあります。

月心寺　滋賀県大津市大谷町二七―九
電話　〇七七‐五二四‐三四二一

文春文庫　最新刊

文春文庫

定価はカバーに
表示してあります

ほんまもんでいきなはれ
「ごま豆腐天下一《どうふてんかいち》」の庵主《あんじゅ》さん一代記《いちだいき》

2009年2月10日　第1刷

著　者　村瀬明道尼《むらせみようどうに》
発行者　村上和宏
発行所　株式会社　文藝春秋
東京都千代田区紀尾井町3-23　〒102-8008
TEL 03・3265・1211
文藝春秋ホームページ　http://www.bunshun.co.jp
文春ウェブ文庫　http://www.bunshunplaza.com
落丁、乱丁本は、お手数ですが小社製作部宛お送り下さい。送料小社負担でお取替致します。

印刷・凸版印刷　製本・加藤製本
Printed in Japan
ISBN978-4-16-775348-1